PHILOXÈNE BOYER

LES
DEUX SAISONS

PARIS

ALPHONSE LEMERRE, ÉDITEUR

47, *Passage Choiseul*, 47

M.DCCC LXVII

LES

DEUX SAISONS

PHILOXÈNE BOYER

LES

DEUX SAISONS

PARIS

ALPHONSE LEMERRE, ÉDITEUR

47, *Passage Choiseul*, 47

M.DCCC.LXVII

A VICTOR HUGO

SONNET-DÉDICACE

Vers la terre où bientôt les citrons vont mûrir,
« Vers l'ombre que versait la maison regrettée,
« Vers les sentiers perdus de la grotte enchantée,
« Il nous faut fuir, mon père, ou bien je vais mourir. »

Ainsi chantait Mignon, lasse de trop souffrir ;
Ainsi chante mon âme, et la pauvre attristée
Me dit, les yeux en pleurs, de sa voix tourmentée :
« Si tu veux que je vive, oh ! laisse-moi partir ! »

Mais ce qu'elle voudrait, mon âme désolée,
Ce n'est pas l'eau du lac, les fleurs de la vallée,
Le vent toujours léger, le ciel toujours serein :

Il lui faut seulement, pour qu'elle se ranime,
S'agenouiller, tremblante, au Panthéon sublime
Où resplendit votre œuvre, ô maître souverain !

LA VOIX DU MAITRE

A Victor Hugo.

Eh quoi! disiez-vous, chantre austère,
Quand la nature est en travail,
Quand le grand vaisseau de la terre
Dérive au vent sans gouvernail;
Quand à toute heure, ô loi sévère!
Dieu gravit un autre calvaire,
Quoi! toi qui seras homme un jour,
Tu peux trouver dans ton ivresse
Des vers pour chanter la jeunesse,
Et des vers pour chanter l'amour!

Quoi! lorsque la patrie aux noirs vautours livrée
Sous leurs serres d'airain expire déchirée,
Tu restes dans ton nid, léthargique alcyon!
Riant aux vents d'avril qui passent sur la grève,
Tu couves dans ton cœur les délices du rêve,
Indifférent aux bruits de la création!

 Ainsi donc en vain, dans nos villes,
 S'entre-choquent peuples et rois;
 En vain les discordes civiles
 Faussent la balance des lois;
 A ces heures où toute oreille,
 Sourde pour Dieu, toujours s'éveille
  Au cri des révolutions,
 Chante ton chant joyeux ou triste,
 Et mets sur ta vie égoïste
  Le triple mur des passions.

Ah! bien plutôt, enfant, puisqu'au fond de ta tête,
Tu sens déjà frémir les ardeurs du poëte,
Puisque sous ta main vibre un sonore instrument,
Entonne un hymne saint où déborde l'idée,
Où du Dieu créateur l'image fécondée
Jette dans les esprits un long tressaillement.

Loin de toi l'allégresse impie
Avec son sourire éternel !
A toi la sereine utopie
Rayonnante sur ton autel !
A toi l'ombre, à toi la lumière,
A toi l'attentive paupière,
Jeune homme, et tu verras venir
Dans l'atmosphère lumineuse
Cette cité miraculeuse
Que Dieu promet à l'avenir !

Chante donc pour tous ceux dont le courage tombe ;
Sur l'arche qui chancelle, arrête-toi, colombe ;
Rends l'amour aux oisifs, le rire aux travailleurs.
Dis à l'homme : Combats ! et dis à la femme : Aime !
Et que dans tous tes chants, comme un terme suprême,
Paraisse un autre monde aux horizons meilleurs !

1849.

A DEUX AMIS D'ENFANCE

(FRAGMENT)

M. . . . .
oi pourtant je vivrai, laissant fuir mes journées
Et mes mois retomber au gouffre des années,
Suivant même chemin, faisant même travail,
Comme un wagon stupide engrené sur le rail ;
Commentant à présent, sur les bancs de l'école,
Le Digeste et le Code, Alciat et Barthole ;
Par le chemin des lois descendant dans les faits,
Et comprenant trop tôt combien l'homme est mauvais,
Quand le législateur, de sa main indignée,
Doit étendre partout ses toiles d'araignée,
Et prendre aux plis serrés de leur fatal réseau
L'enfant pour la prison, l'homme pour le bourreau !
Puis, cinq ou six étés ayant mûri ma tête,
Quand le département m'aura sacré poëte,

Je pourrai pérorer, au nom du droit pénal,
Dans le parquet obscur de quelque tribunal;
Publier mes *essais*, plus tard, sublime joie!
Coudre un galon doré sur la toque de soie,
Et faire écrire en gros, d'abord sur un contrat,
Plus tard sur un cercueil : Poëte et magistrat!...

Mais qu'importe mon sort? qu'importe à ma pensée
L'accablante lenteur de la route tracée,
Si Dieu garde à mes pas cet appui bienveillant
Qu'il donne à tout élu, qu'il doit à tout croyant!
Si, mêlé dans un flot de débiles apôtres,
Essayant d'être bon et croyant bons les autres,
Je puis parfois jeter un mot de vérité
Et dans la loi sévère un peu d'humanité!
Qu'importe qu'à présent ma plume adolescente
Éparpille des vers la moisson impuissante,
Et qu'à toute étincelle allumant mêmes feux,
Remplissant trois feuillets pour chanter deux yeux bleus
J'aie ici propagé l'usage illégitime
Du sonnet louangeur et de l'épître intime;
Qu'importe si je puis espérer à mon tour
Mon jour de poésie et mon instant d'amour !
Elle viendra cette heure où mon âme éblouie,

Tremblante, admirera sa fleur épanouie,
Et verra dilatée aux rayons d'un souris
La vivante chaleur de ses jeunes esprits
Oui, le pauvre affamé trouvera son aumône,
Et le sillon sa gerbe, et l'étoile sa zone,
Et mon luth n'aura plus à demander en vain
Un cantique inspiré pour un amour divin!...
Mais contre le bonheur quand mon cœur sans défense
Doublera les ardeurs de mon ardente enfance,
Quand mes dieux familiers à mon seuil souriront,
Quand Pétrarque aura Laure et sa couronne au front,
Je reviendrai vous voir, mes amis, avec elle...
Cependant qu'au balcon une voix fraternelle
Redira pour sa sœur, qui l'écoute en riant,
Les féeriques splendeurs du magique Orient,
Par un beau soir de juin nous vous viendrons surprendre,
Et nous pourrons pleurer, et nous pourrons reprendre
Les récits et les vers, les bénédictions
Et les enchantements des vagues passions!
Puis je vous quitterai quand le quartier plus sombre
Efface tous les bruits en multipliant l'ombre;
Et d'un dernier regard embrassant vos regards,
J'irai seul avec elle errer au pont des Arts,
Sur mon bras frémissant pressant son bras de femme..

Et là, je lui dirai les chansons de mon âme,
Là je lui parlerai de mes jours écoulés,
Des relais parcourus, des rêves envolés,
De mon passé brumeux, plein de grave amertume,
De mon heureux présent que son amour résume,
Et de la charité qui lui fait sans effort
Ressusciter ainsi mon cœur à demi mort;
Ou bien, brisant le fil de notre causerie,
Nous suivrons dans les cieux notre étoile chérie,
Et nous regarderons, d'un œil clos à demi,
Courir le gaz ardent sur Paris endormi.

1847.

IN AMARITUDINE CORDIS.

A mon ami Théodore Guilleminot.

La poésie aussi compte ses La Pérouses,
Marins prédestinés aux tempêtes jalouses,
   Dignes pourtant d'un meilleur sort;
Voyageurs qui partaient sous les blondes étoiles,
Heureux, fiers du bon vent qui soufflait dans leurs voiles,
   Mais qui n'ont pas trouvé de port!

Au moins pour quelques-uns il reste sur la grève
Un blanc et doux fanal, une écharpe qu'on rêve,
   Et qui contraint à croire en Dieu!
Mais moi je m'en irai, pauvre astre solitaire,
Sans clarté fraternelle, et je fuirai la terre
   Sans avoir à qui dire adieu.

1849.

LA CATHÉDRALE RÉPARÉE.

A mon ami Alfred Guérard.

Hélas! ô sombre cathédrale,
Où donc est ton ancien portail?
Où donc est ta flèche en spirale?
Où donc est ton rouge vitrail?
Où donc ton sacré reliquaire?
Où donc ton profond sanctuaire?
Où donc ton énorme bréviaire
Et son vélin vermillonné?
Où donc est ton carillon mâle,
Qui, brisant le son qu'il exhale,
Laisse entendre par intervalle
La voix du chantre couronné?

Où donc sont tes vingt mille cierges,
Don de vingt mille pèlerins,
Brûlés à l'autel de tes vierges
Par les soldats, par les marins;
Par ceux dont le courage expire,
Par ceux dont l'âme au ciel aspire,
Par ceux que des rêves d'empire
Toutes les nuits ont desséchés;
Et par ceux qui, lugubre histoire,
Portent l'offrande expiatoire
Pour les âmes du purgatoire
Dont les corps ici sont couchés?

Hélas! hélas! ô pauvre église,
Où donc sont tes noirs pénitents,
Cerveaux que l'effroi paralyse,
Cœurs que l'amour fait repentants;
Hommes d'espoir et de prière
Qui, courbés sur la froide pierre,
Avec les pleurs de leur paupière
Versent l'aumône de leur main,
Et qui, pourchassés par la crainte,
Sortent, pieds nus, de ton enceinte,
Puis vers Jérusalem la sainte

Vont suivre leur rude chemin?

Où maintenant est l'aube blanche
Qui ceignait les reins du pasteur,
Quand tout un grand peuple se penche
Sous le signe libérateur?
Et tes fenêtres dentelées,
Et tes devises ciselées
Sur les bannières étoilées
Offertes par le roi vainqueur,
Qui, posant le casque et le heaume,
Vient, oublieux de son royaume,
Prêtre assidu, chanter le psaume
Sur les bancs sculptés du vieux chœur?

Aujourd'hui, métropole morte,
Cache ton soyeux labarum;
Tu n'entendras plus sur ta porte
Retentir l'ardent *Te Deum!*
Les rois, spectre vain qui s'efface,
Craindraient, en nos jours de disgrâce,
De montrer de trop près leur face,
S'ils pliaient trop bas les genoux,
Et les tristes âmes promises

Aux criminelles entreprises
Se gardent de la cour d'assises,
Mais n'ont plus peur du Dieu jaloux!

Aussi bien, comme ils t'ont salie,
Comme ils ont mutilé tes tours!
Oh! pauvre dame qu'on oublie,
Comme ils ont souillé tes atours!
Ces marchands vils que rien n'arrête,
Ces ouvriers sans cœur ni tête,
Sourds au prêtre comme au poëte,
Ils sont venus, essaim fatal,
T'imprimer leur vivante injure
Et badigeonner ta sculpture,
Et jeter de leur main impure
Leur plâtre à ton granit natal!

Mais qu'importe! si rien n'entrave
Ton Dieu, souverain jusqu'au bout?
Et si tu poursuis ton chant grave
Sur ton autel resté debout?
Qu'importe qu'un scalpel infâme
Déchire les flancs d'une femme,
Si la chose immortelle, l'âme,

Survit à son fer destructeur?
Qu'importe que la rage humaine
Sur l'arche sainte se déchaîne,
Si l'hostie intacte et sereine
Échappe au doigt profanateur?

1847.

ASPIRATIONS.

A mon ami le comte Charles d'Osmoy.

Hélas! hélas! il faut son astre à ma paupière!
Le soleil des esprits m'a volé sa lumière,
Et quand je grandissais, j'ai vu rapetissé
Le cercle rayonnant où l'on m'avait placé!
Oh! rendez-moi Paris, Paris, l'arbre du rêve,
Qui dans tous ses rameaux verse une égale séve;
Paris, l'atelier saint où tous les ouvriers
Ont leur part du salaire et leur place aux foyers!
Oui! vous tous qui croyez que mon âme saisie
Peut tenir, elle aussi, sa part de poésie,
Oh! rendez-moi Paris, ou bientôt mon cerveau
Sentira se briser ses fibres sous sa peau,
Et bientôt sous mes doigts la cithare impuissante

En vain recherchera son harmonie absente,
Et je ne dirai plus, dans les brumes du soir,
Malade et gémissant, qu'un cri de désespoir!...
— Ah! bien heureux celui qui s'éprend des fontaines,
Qui s'égaye au secret des clairières lointaines!
Ah! bienheureux celui qui ne sait plus souffrir
Quand la muse des bois lui renvoie un soupir!
Hélas! ils sont venus à moi ces sons sublimes
Que renfle sur les monts l'écho des hautes cimes!
J'ai vu les rocs penchants, et l'ardent chevrier
Poursuivre les chamois au versant du glacier!
Et pourtant je souffrais...; et pourtant, quand mon père
Du spectacle enivrant aspirait le mystère,
Je concentrais en moi de suprêmes sanglots
Profonds comme la mer, tristes comme ses flots,
En pleurant le néant de toute créature,
Et l'homme si petit dans la grande nature;
Et l'haleine mourait dans mon gosier en feu
A voir cette distance entre mon âme et Dieu.

— Un soir (c'était à Vienne), à l'heure où tout s'éclaire
Aux rayons incertains du jour crépusculaire,
Je regardais pensif le soleil agrandi
Qui dardait ses traits d'or sur le Rhône engourdi,

Et j'écoutais la voix qui chante sous les lames
Quand l'écume jaillit au choc brûlant des rames.
Mais sur l'onde déjà deux larges sillons blancs
Frappaient la double berge avec leurs doubles flancs,
Et je vis deux bateaux qui, dans le crépuscule,
Versaient la vapeur noire avec le vent qui brûle.
L'un volait sur les eaux, et vraiment l'on eût dit
Voir sur un sol mouvant courir le Juif maudit;
Car le ciel était sombre, et les molles prairies
Dérobaient au regard leurs visions fleuries,
Tant était prompt l'essor du steamer qui fuyait,
Pressant le dos blessé du flot qui l'emportait...
L'autre pourtant suait, et la lourde machine
Tirait son souffle lent de sa morne poitrine,
Et, comme un pauvre oiseau dont le pied est tronqué,
Il boitait, vers le bord tristement remorqué.
Or, de ces deux bateaux à l'inégale course,
L'un tendait vers la mer, l'autre allait vers la source.
— « N'imitons pas la nef ignorante des bords
Qui contre le courant tente de vains efforts ;
Ne vivons pas cloîtrés dans l'inutile étude
Des stériles rumeurs que fait la solitude,
Et n'imaginons pas avoir tout remplacé
Quand nous saurons un peu les actes du passé !

Marchons! dans les cités le siècle nous convie
A la lutte, à l'effort, c'est-à-dire à la vie!
Il est temps! il est temps! désertons les hauteurs
Pour l'auguste vallée où sont les grands pasteurs;
Substituons, tandis que nos ans ont leur séve,
Et le fait à l'idée, et l'action au rêve.
O fleuve! descendez pour trouver l'Océan!
L'homme a son flot qu'il suit et verra Chanaan! »

1848.

LES MÉTAMORPHOSES.

A mon ami le vicomte Henri d'Ideville.

Souvent, quand dans l'herbe foisonne
L'opulence du gai printemps ;
Souvent, quand l'abeille bourdonne,
Allègre sous les bois chantants,
Souvent j'ai dit au lys qui penche,
Souvent j'ai dit à la pervenche :
Calices embaumés dont le miel est si doux,
Dans un corps vivant répandez vos âmes,
O chères fleurs, devenez femmes,
Pour mon amour animez-vous !
Mais quoi ! le lys s'est tu comme les roses,
Plus d'un bouton sans s'ouvrir s'est cassé :
Le temps n'est plus pour les métamorphoses,
Et des sorciers le bon règne est passé.

Souvent aussi, quand la nef sombre
Fait flamber les lampes des soirs,
Lorsque l'encens jette son ombre
Sur les rubis des ostensoirs,
Bien souvent j'ai dit aux statues,
De grâce et de candeur vêtues :
Beaux marbres consacrés dont l'aspect est si doux,
Dans un corps vivant répandez vos âmes ;
Saintes mortes, renaissez femmes,
Pour mon amour ranimez-vous !
Mais quoi ! jamais n'ont varié les poses,
Jamais sur moi leur bras blanc n'a glissé :
Le temps n'est plus pour les métamorphoses,
Et des sorciers le bon règne est passé !

Souvent encor sur la colline,
Quand nagent les blondes clartés,
A l'heure où la lune s'incline
Sur les beaux trembles argentés,
Souvent j'ai dit au rayon vague
Flottant comme un mât sur la vague :
Cher petit astre d'or dont l'œil nous est si doux,
Dans un corps vivant fais vibrer ton âme,
O mon étoile ! deviens femme,

Pour mon amour descends sur nous !
Mais quoi ! toujours sous les nuages roses
Le rayon d'or s'est bien vite éclipsé :
Le temps n'est plus pour les métamorphoses,
Et des sorciers le bon règne est passé !

Pourtant, vous venez, ô cher ange !
Le rameau d'espoir dans vos mains,
Et de votre splendeur étrange
Vous illuminez mes chemins !
Et maintenant, marbre au long voile,
Blanche fleur et flottante étoile,
Tous ces pâles reflets de votre éclat si doux,
J'ai tout retrouvé, tout vu dans votre âme,
Et je sais qu'en un cœur de femme,
Dieu met tous les bonheurs pour nous !

Et désormais les angoisses moroses,
Les durs soucis, tout s'est vite effacé :
L'heure a sonné pour les métamorphoses,
Et du bon Dieu le temps n'est pas passé !

1848.

LE LAMENTO D'ISABELLE.

A Mlle Pauline de Persan.

Adieu, demeure protectrice,
Seuil que pour toujours nous passons,
Maison où ma chère nourrice
M'a bercée avec des chansons.

O fenêtre d'où s'éparpille
L'essaim de mes rêves tremblants,
O mon réduit de jeune fille,
Petite chambre aux rideaux blancs,

C'en est fait, adieu ! je vous quitte,
Vous autour de qui se jouait

Mon enfance, morte si vite,
O cher miroir et vieux rouet !

Balcon verdoyant, à l'aurore
Mouillé par la rosée en pleurs,
Où vers moi, bouton près d'éclore,
L'amour vint à travers les fleurs,

Adieu ! vous tous qui m'avez vue
Tant de fois sourire au ciel bleu,
Et toi qui de Dieu m'as reçue,
Adieu, chère maison, adieu !

1851.

LA CHANSON DE L'OR.

A André Lemoyne.

Puisque Naples, gourmande
Des airs de San-Carlo,
A l'Opéra demande
Qui fut Masaniello;
Puisque les deux Siciles
Souffriront l'étranger
Tant qu'autour de leur ville
Fleurira l'oranger,

Danseurs, formez vos groupes,
Et vous, mes échansons,
Semez autour des coupes
L'or, ce refrain charmant de toutes nos chansons.

Puisque dans ces Caprées
On déplace les dieux
De leurs niches sacrées
Pour celui qui le mieux,
Sous la grotte odorante,
Verse, au premier appel,
Aux filles de Sorrente
Les vins de l'Archipel,

Danseurs, formez vos groupes,
Et vous, mes échansons,
Semez autour des coupes
L'or, ce refrain charmant de toutes les chansons !

1853.

LASSITUDE.

A Charles Baudelaire.

La pensée a des jours ineffablement calmes,
Où la gloire effrayerait comme un vice, où les palmes,
Où les bravos, où tout appareil de grandeur
Déconcertent le goût et blessent la pudeur.
On vit, on est content de vivre. Les plans vastes
Sont bien loin. On est las de chercher des contrastes,
Et l'on accorde au cœur trop longtemps tourmenté
Les plaisirs endormeurs de l'uniformité.
Alors, sur le chemin banal, si l'on coudoie
Un camarade ancien, et s'il voit cette joie
Sans chaleur, sans rayon, qui ressemble à l'ennui,
Il se sent tout glacé quand il rentre chez lui !
Si le nom d'un héros alors monte à la lèvre,

Ce n'est pas Bonaparte ou Dante, c'est Penthièvre,
Ou Rollin, ou plutôt, dans un bourg ignoré,
Quelque vieux pédagogue ou quelque doux curé!
Plus de roman, plus d'ode ardente; plus de livre
Où la verve possède, où la parole enivre;
Mais un répertoire humble à peu près souriant,
Et Gessner, et Goldsmith, et surtout Florian,
Inventant, pour charmer la France encor prospère,
Les tendres embarras d'un Arlequin bon père!
O torrents généreux que Mozart épanchait,
Pleurs du violoncelle, et sanglots de l'archet,
Taisez-vous à jamais! votre murmure entête!
D'ailleurs nous avons mieux ce soir! comme c'est fête,
Une voisine aimable et qui cherche un mari
Fredonnera sans doute un motif de Grétry,
Et, sans doute par elle entraîné vers la lutte,
Le vieil oncle à son tour jouera son air de flûte.
Voyageurs revenus des pays du soleil,
Laissez-nous! A quoi bon votre midi vermeil,
Vos danses, vos palais où chantent les cascades,
Et vos doñas rêvant à côté des alcades?
Le seul pèlerinage et le seul paradis
Qui tente maintenant les marcheurs alourdis,
C'est l'éternel parcours du parc, l'unique allée

Qui du coteau sans ombre arrive à la vallée !
Et vous amants, et vous qui soupirez encor
Après les grands destins, Tasse sans Léonor,
O don Juan sans Elvire, Hamlet sans Ophélie,
Allez ailleurs porter votre mélancolie,
Ici l'on se repose ! ici nous espérons
Découvrir un front pur parmi ces jeunes fronts ;
Près de la table à thé, comme au printemps antique,
Rallumer le flambeau du bonheur domestique,
Et changer en mistress quelque timide miss,
Juliette à présent qui deviendra Baucis.
—Oh ! vains projets conçus pour l'âge où l'espoir tombe,
Instincts d'agonisant, préface de la tombe,
Parfois je vous envie, aux moments où, lassé,
Mon avenir me pèse autant que mon passé !
Mais mon amour jaloux me brûle encor la tempe,
Le soleil de mon Dieu vient éteindre ma lampe,
Et j'ai l'horreur du calme, et tout mon être en feu
Demande des douleurs pour l'amour et pour Dieu !

1853.

L'IDYLLE DE CHRISTINE

(ÉVOCATION).

A Henri Blaze de Bury.

I

La vie a ses bons quarts d'heure
De mystique apaisement,
Où, si la paupière pleure,
La larme éclôt diamant.

Tout est doux, rien n'est terrible,
Le clairon a peur du luth,
Et les pages de la Bible
Cachent Job pour montrer Ruth.

Les anges que nos vœux prient
Émigrent vers nos autels,
Et les mortes nous sourient
Sous le cadre des pastels.

Ces jours-là, dans la ruine,
Triste hier, morne demain,
Sous les ronces on devine
Une tige de jasmin,

Fraîches couleurs, tiède haleine,
Calice où s'est imprégné
L'esprit de la châtelaine,
Longueville ou Sévigné!

L'étudiant qui voyage
Par les bois pleins de chansons
S'apprête à mettre au pillage
Les robes et les buissons.

Car l'aimable destinée
Change, au gré du compagnon,
Chaque ânière en Dulcinée,
Chaque bohème en Mignon!

Et pendant ces pastorales,
Couronnant leur docte front
Des poussières sépulcrales
De Perse et de Lycophron,

Les vieux savants ressaisissent
Les auteurs cent fois relus,
Et soudain ils éclaircissent
Le sens qu'ils n'espéraient plus !

O doux règne de lumière !
Éblouissements trop courts !
L'orgueil est dans la chaumière,
La gaieté dans les faubourgs !

O mystère poétique !
Dans Hyde-Park transformé
Plus de lord apoplectique,
Plus d'Irlandais affamé,

Mais de pâles miss penchées
Sur le cou d'un palefroi,
Passant dans leurs chevauchées
La Diana de Rob-Roy !

Prisme où tout se divinise!
Rayon clément qui rendra
Ses arlequins à Venise,
Ses Fatmés à l'Alhambra,

Et qui, dans l'humble chambrette,
Filtrant sous le buis bénit,
Ranimera le poëte,
Oiseau frileux, dans son nid.

II

Pour voir ces métamorphoses,
Pour trouver dans ton exil
L'air, le soleil et les roses,
O mon cœur, que te faut-il?

Mon cœur, tu n'as pas la gloire;
Mon cœur, tu n'as pas l'amour.
Le vent gronde, l'ombre est noire,
O mon cœur, cherche le jour!

Mais, pour posséder ton rêve,
Ne va pas, en paladin,
Découvrir sur quelle grève
Brûle l'huile d'Aladin.

Ne va pas, cœur qui demande
Son aliment idéal,
Quérir à Brocéliande
Le calice du Graal !

Non ! le talisman, c'est l'âme !
Ouvre l'œil intime, et vois
Cette belle jeune femme
Qui t'apparut une fois ;

Songe à ce teint de créole,
A ce type ardent et frais
Mêlé d'humeur espagnole
Et de calme hollandais ;

A sa voix, une caresse
Que sa bonté nous permet;
A ses longs cheveux en tresse,
Au ruban vert qu'elle aimait.

Remonte sur les collines
Où tu croyais voir trembler
Sous le vent des mousselines
Son pied qui peut s'envoler !

Pour braver les lois funestes,
Pour t'assurer le trésor
Des illusions célestes,
C'est assez de voir encor,

Avec son front où se trace
Le dogme pur du devoir,
Cette vierge, muse et grâce,
Armide sans le savoir !

LA CHANSON DE LÉANDRE.

A mon ami Émile Jorant.

Malgré ma gondole fragile,
Parmi mes jeunes matelots,
Maîtresse, viens tenter les flots :
Les flots causent du doux Virgile.
Nous voguerons vers les îlots
Où les premières fleurs écloses
Parfument l'air sous la clarté
Qui se dilate en gerbes roses
Sur le front du volcan dompté.
Viens, la mer, ô ma douce femme !
      Chantera
Pour toi des odes que ton âme
      Gardera.

Viens, chaque vague et chaque écume,
      Nuit et jour,
Depuis Procida jusqu'à Cume,
      Dit : Amour !
Malgré les arlequins lubriques,
Malgré Valentin, mon rival,
Maîtresse, viens au carnaval :
Le carnaval a ses musiques.
Nous ferons halte à chaque bal
Pour récolter les notes tendres
Que la Clorinde et la Rosa
Psalmodîront à leurs Clitandres
Sur des airs de Cimarosa.
Viens, la ville, ô ma douce femme !
      Chantera
Pour toi des couplets que ton âme
      Gardera.
Viens, chaque bouche, fraîche ou laide,
      Nuit et jour,
Du Castello jusqu'à Tolède,
      Dit : Amour !

CLAUDINA.

A M. Gustave Réal.

Rien n'est doux, rien n'est fin, rien n'est charmant comm(
Comme son clair regard de chevreuil effaré,
Comme sa tête blonde où le caprice mêle
L'auréole enfantine et le rayon sacré.

C'est l'Hébé de seize ans née au milieu des roses,
Dans le pays du *si*, sous le ciel aux longs soirs,
Qui fait un cadre d'or à vos divines poses,
Nymphes de Pompéia, roses sur des fonds noirs ;

Carlo Dolci croirait voir Gabriel; l'Albane
Nous la rendrait, superbe au milieu de ses sœurs,
L'arc à la main, au front le croissant de Diane,
Et ses yeux plus mortels que l'épieu des chasseurs!

Le vieux Gœthe, mordu par cette grâce ignée,
Ne plaindrait plus Mignon du mal qui la mina;
Boccace, réjoui, dirait: C'est Pampinée!
Et Mozart, consolé, dirait: C'est Zerlina!

C'est ta dernière fleur, ô pauvre Lombardie!
C'est ton dernier printemps, c'est le suprême écho
Des siècles où la fière et tendre mélodie
Consacrait sur les luths l'amour de Roméo!

Les poëtes, en chœur, sur ton sort s'attendrissent;
C'est un refrain maudit que chaque écolier sait!
Depuis tantôt cent ans tes visiteurs gémissent,
Musset après Byron, et tous après Musset!

Eh bien, ils ont menti, les oracles funèbres;
Ils se sont trop hâtés de sceller ce tombeau!
Gens aveugles! l'aurore était sous les ténèbres,
Et l'esprit pur du feu vivait dans le flambeau!

Va, ne t'afflige pas, grande déshéritée,
Puisque, même à cette heure où ton sang s'appauvrit,
Tu prêtes à ta sœur, à la France enchantée,
Verdi qui crée un monde et Claudina qui rit!

LA COMTESSE AIMÉE.

STANCES FÉMININES.

A Émile Deschamps.

Si Marivaux veut m'apprendre
Sa prose où tout mot sourit,
Où le cœur fait de l'esprit,
Où la rhétorique est tendre ;

Et cet art dont il complique
En imbroglios charmants
Les délicats sentiments
D'Araminte et d'Angélique ;

Si l'heureux Watteau m'avoue
Après quels doux entretiens,
Après quels régals païens
Il enlumine la joue

De ces Cydalises blondes
Qui, la nuit comme le jour,
Sur la carte de l'amour
Découvrent de nouveaux mondes;

Si Clodion prend sa terre
Et la pétrit sous mes yeux,
Afin de me montrer mieux
Comment, suave mystère,

Les myrtes et les acanthes,
Quand la main sait les poser,
Suffisent pour déguiser
Les duchesses en bacchantes;

Si, docile à mon caprice,
Auber daigne me conter
Sur quel mode il fit chanter
Les sœurs de *l'Ambassadrice*,

Avec une ardeur dévote
Je prendrai, pieux voleur,
Dans le mot, dans la couleur,
Dans la ligne ou dans la note,

Tout ce que la poésie
Aux beaux jours peut leur devoir
De miraculeux pouvoir
Et de fraîche fantaisie;

Puis je prendrai dans mon âme,
Pour achever le portrait,
Un élément plus secret...,
Et je vóus peindrai, Madame!

EDMÉE.

Au cher docteur Gérard Piogey.

Quand j'ai baisé vos mains, je vous ai reconnue,
Car voilà six mille ans que nous nous connaissons;
Dans un nouveau décor la pièce continue.
Nous nous sommes aimés jadis; recommençons.

Dites : Vous souvient-il de nos métamorphoses?
De tous les beaux endroits de l'éternel roman?
Des Édens lumineux dont nous glanions les roses,
Et du premier sourire, et du premier serment?

Votre cœur tremble-t-il quand vous ouvrez la Bible,
Au nom des lieux sacrés dont Dieu nous exila?

Comme c'était charmant, comme c'était terrible,
N'est-ce pas, Bethsabé, n'est-ce pas, Dalila?

Près des marbres, devant Psyché, devant Diane,
Ne criez-vous jamais : Salut, mes nobles sœurs !
Et n'aspirez-vous plus au paradis profane
Dont nous avons goûté les parfaites douceurs?

Les abeilles pour nous travaillent sur l'Hymète,
Pour nous les mâts fleuris brillent sur l'Ilyssus,
Et Sapho dit des vers que l'alcyon répète;
Glycère, embrassons-nous ! Regardez-moi, Vénus !

O regards, ô baisers ! adorable morsure
Qui brûle au bout des temps mon sang ressuscité!
Femme, pour me guérir, ulcère la blessure;
Ce tourment, ce salut, je l'ai bien mérité,

Puisque toujours, partout, dans les bois, dans les villes,
Chez Tasse, chez Spenser, chez Watteau, chez Vinci,
J'ai défendu mes yeux contre les formes viles,
Fidèle à toi, beauté, tel que je reste ici;

Puisque j'ai supporté des fortunes étranges,

Et subi les sueurs des chemins tortueux,
Et repoussé parfois la sagesse des anges,
Pour t'écouter toi seul, ô sphinx voluptueux ;

Puisque je dompterai les harpes et les lyres
Pour que le monde ému s'associe à mes vœux,
Et puisque j'oublierai le danger des empires
Pour voir sur ton cou fort friser tes noirs cheveux,

Pour me désaltérer à l'eau des sources vives,
Sur ta lèvre de pourpre, ardent miroir du jour ;
Pour me reprendre, ingrate, au bonheur dont tu prives,
Malgré tout le passé, mon immuable amour !

LA MARQUISE AURORE.

VILLANELLE.

A Madame Maria Rivet.

Près de Marie-Antoinette,
   Dans le petit Trianon,
Fûtes-vous pas bergerette?

Vous a-t-on conté fleurette
Aux bords du nouveau Lignon,
Près de Marie-Antoinette?

Des fleurs sur votre houlette,
Un surnom sur votre nom,
Fûtes-vous pas bergerette?

Étiez-vous noble soubrette,
Comme Iris avec Junon,
Près de Marie-Antoinette?

Pour déniaiser Ninette,
Pour idylliser Ninon,
Fûtes-vous pas bergerette?

Au pauvre comme au poëte,
Avez-vous jamais dit : Non,
Près de Marie-Antoinette?

O marquise, sans aigrette,
Sans diamants, sans linon,
Fûtes-vous pas bergerette?

Ah! votre simple cornette
Aurait converti Zénon!
— Près de Marie-Antoinette,
Fûtes-vous pas bergerette?

LA MARGUERITE.

A Madame Mathilde Faugère-Dubourg.

Quand mai repeuplera le nid de l'hirondelle,
Et sur les seuils en fleurs reconduira l'hymen,
J'irai, martyr d'hier et martyr de demain,
Conter aux bois comment Marguerite est cruelle !

Alors, petites fleurs qui vous nommez comme elle,
Blanches, vous reviendrez germer sur mon chemin,
Et vous voudrez encor tressaillir sous ma main,
Pour encor m'assurer l'amour de cette belle;

Mais moi, malgré mes pleurs, j'aurai mis sans retour,
Dans le tombeau profond des douceurs interdites,
L'espoir qui m'a fait vivre et chanter tout un jour !

Ainsi j'écraserai vos corolles maudites,
O fleurs; vous mentiriez en m'annonçant l'amour.
Marguerite a tué l'âme des marguerites.

SUZANNE

RONDEAU REDOUBLÉ.

A mon cher ami Charles Défossés.

Enfant coquette, enfant aux couleurs roses,
Si nous faisions jaser votre miroir,
Il nous dirait de ravissantes choses
Sur vos secrets du matin et du soir.

Nous vous verrions quand, dans votre boudoir,
Le cou penché, sans méditer vos poses,
D'un long roman vous prolongez l'espoir,
Enfant coquette, enfant aux couleurs roses!

Les luths émus des jeunes virtuoses,
Tous enchantés de votre nonchaloir,

Travailleraient pour vos apothéoses
Si nous faisions jaser votre miroir.

Le confident serait un encensoir,
Tant sur vos airs, sur votre horreur des proses,
Sur le pied blanc et le brodequin noir,
Il nous dirait de ravissantes choses !

J'insulterais aux sagesses moroses,
Car je saurais tout ce qu'il faut savoir,
Et je pourrais versifier des gloses
Sur vos secrets du matin et du soir.

Mais vous restez dans votre reposoir ;
Votre miroir est sous vos portes closes,
Et seule, hélas ! toujours vous pouvez voir
Le frais trésor de vos beautés écloses,
  Enfant coquette !

ISABELLE.

A Charles Asselineau.

J'ai rêvé que le nom règle le sort de l'âme,
Que le baptême en soi renferme un talisman,
Et que la Providence assigne à tout roman
Son prologue fatal, dans un beau nom de femme.

J'ai subi le pouvoir du son matériel,
Les mots conjurateurs, et, comme les Arabes,
Je crois au juste accord des secrètes syllabes
Qui font tomber parfois les étoiles du ciel.

Et je crois que, d'en haut, celles qui furent grandes
Par l'ode d'un poëte ou les vœux d'un amant,
Pour revivre ici-bas avec leur nom charmant,
Sur les berceaux choisis apportent ces offrandes.

Fanny, c'est la tristesse, un pur ovale anglais,
Pleureuse du West-End, idéal de vignette;
Rose, c'est un oiseau dans un nid de grisette,
Et Mathilde s'ennuie au fond d'un vieux palais.

Lise jase; Octavie a rimé des ballades;
Berthe, aux cheveux ondés, prend logis dans l'éther;
Et j'entends aussitôt qu'Arthur appelle Esther,
Les coupés du rond-point avec les cavalcades!

Mais, sur les escaliers d'un élégant château,
Parmi les manteaux blancs et les casaques roses,
Isabelle s'incline avec de molles poses
Vers le galant songeur que lui donne Watteau.

Ou bien, hors des sentiers de la Cythère heureuse,
Fille de Calderón, de Lope et de Rojas,
Sur le banc des Prados consolant les Ruy-Blas,
Isabelle est l'honneur de l'Espagne amoureuse.

Sous le ciel grenadin qui n'a jamais d'hivers,
Le laurier-rose éclôt pour fêter Isabelle,
Et les musiciens toutes les nuits pour elle
En brûlants concetti dévergondent leurs vers.

Cependant, à Paris, au fond des faubourgs tristes
Pour la gaieté des cœurs, Isabelle est encor,
Et Molière sourit, quand près de Léonor
Elle lit des poulets au nez des vieux Aristes !

Car ce nom fier et doux, aux timbres séduisants,
Raconte le voyage aux îles Fortunées,
Les roses que le vent jaloux n'a pas fanées,
Car Isabelle, c'est l'amour et les seize ans !

MA MIE HÉLÈNE.

A Maxime Ducamp.

Le printemps ressuscite, Hélène ;
L'almanach n'en dit pas autant,
Et les savants, en consultant
L'herbier défleuri de la plaine,
N'y trouvent pas de marjolaine ;
Mais moi, j'ai senti sur ta peau
L'âcre parfum du renouveau :
Le printemps ressuscite, Hélène !

Je suis encor poëte, Hélène ;
Homère eût donné tes yeux verts
A son Hélène au cœur pervers,
La coquette au manteau de laine !

Mais moi j'ai goûté ton haleine,
Et sur ta lèvre j'ai trouvé
Le baiser qu'Homère a rêvé.
Je suis encor poëte, Hélène !

Aimons-nous, aimons-nous, Hélène !
Notre amour nous rajeunira,
Puis un romancier contera
Sur nous deux une histoire pleine
Des repentirs de Madeleine
Et des délires de Manon ;
Tant pis pour toi si tu dis non !
Aimons-nous, aimons-nous, Hélène !

LAURENCE.

A Paul Féval.

Si vous saviez, ô noble artiste,
Garder la moitié d'un secret,
Je me prouverais royaliste
A vos genoux, et sans regret!

En vain j'ai béni dans mes phrases
Les symboles républicains;
En vain j'ai semé mes extases
Sur des braillards américains;

En vain j'ai dans une taverne,
Parmi des puritains fort laids,
Excité par un discours terne,
L'orage des hurrahs anglais!

Au fond pourtant j'aime et j'adore,
Épris de gloire et de beauté,
Cette morte, charmante encore,
Notre charmante royauté,

Ces longs siècles où l'espérance
Eut toujours son vin à verser,
Où toujours notre belle France
Eut de beaux bras pour la bercer!

Ah! depuis que j'apprends à vivre
Par l'âme et par le vœu charnel,
Depuis que j'ai compris un livre,
Je n'ai qu'un désir éternel :

C'est de ranimer sous mon souffle
Les princesses des temps passés ;
C'est de rattacher leur pantoufle
Aux pieds par les rois embrassés.

Et si jamais dans mes entrailles
Je brûlai d'un amour puissant,
Ce fut pour celles dont Versailles
Saluait le nom menaçant ;

Pour Anne, la reine amoureuse
Qui traînait au sillon royal
Les Montbazon et les Chevreuse,
Et les dominait même au bal;

Pour les Hébés de cet Olympe
Où, dans le délire infini,
La gorge nue ou sous la guimpe,
Dansaient Fontange et Mancini;

Pour les archiduchesses blondes
Qui datèrent avec leur nom,
Après les tumultes des Frondes,
Les églogues de Trianon.

... Par tous les désirs de mes rêves,
Je vous salue, ô majesté,
Qui me rendez toutes les Èves
Du saint Denis ressuscité !

A genoux près de vous j'écoute
Les airs pleureurs du gai Lulli,
Dont le refrain charme la voûte
Avec les jets d'eau de Marly.

Un mot de vous, ma souveraine,
Et les poëtes éblouis
Retrouveront la voix sereine
Des poëtes du grand Louis.

Vous leur direz une parole,
Vous leur laisserez voir vos yeux.
Et soudain, poétique idole,
Ils seront forts, étant joyeux,

Joyeux par vous, ange de race,
Éventail, miroir et poignard,
Orgueil éclairé par la grâce,
Rubens achevé par Mignard.

AU JARDIN.

A la Grand'Mère de mes enfants.

J'ai mis mon cœur sous une rose :
En cherchant vous l'y trouverez
Avec ses souvenirs dorés,
Ses regrets, son ennui morose.

Demain la corolle déclose,
Lorsque vous la regarderez,
N'aura plus ces tons enivrés
Qu'un rayon de soleil compose.

Pourtant, du bouquet qui mourra
Vers vous un parfum montera,
Plein de sensations cachées.

Et c'est mon cœur fidèle et doux,
Enfant, qui survivra pour vous
Dans cette odeur des fleurs séchées.

6 mai 1849.

LA COUPE.

A Nestor Roqueplan

La fraîche coupe de cristal,
    Le noble vase
Où le vin, père de l'extase,
Concentre un fusible idéal,
Dans vos blanches mains se découpe!
    Vidons la coupe!

Une goutte de ce vin vieux
    Par vous versée
Dans les coins de notre pensée
Conduit le cortége joyeux

Des plaisirs que le printemps groupe :
    Vidons la coupe !

A nous les sentiers que fraya
    La poésie,
Eldorados de fantaisie
Où la pâle Titania,
Parfois, sans son Obéron soupe :
    Vidons la coupe !

A nous le rajeunissement
    Sous les caresses
De ces fières enchanteresses
Dont un seul mot dit tendrement
Transformait Riquet à la Houppe :
    Vidons la coupe !

Encore un coup ! Les matelots
    Vont mettre à l'onde,
Guidés par l'Amphitrite blonde,
La nef qui tentera les flots
Avec des roses sur sa poupe !
    Vidons la coupe !

A nous l'éternelle chanson,
> L'amour sans trêve,
Car, pour prolonger notre rêve,
Nous avons gardé l'échanson
Qui des dieux enivrait la troupe :
> Vidons la coupe !

LE DERNIER SOIR.

A Jules Sandeau.

O Christine, ma gaieté,
        Ma fierté,
Ma force et ma sympathie,
C'est donc déjà le moment
De fermer le doux roman
Par un chant de départie.

Si mes vers touchent demain
        Votre main,
Arrêtez-vous dès le titre !
Mon pauvre esprit, trop tôt las,
N'a du doux sujet, hélas !
Traité qu'un premier chapitre.

Mais avec le cher travail
      J'ai fait bail,
Et, dès les prochaines brises,
Sur le bûcher du phénix
Renaîtront, ô Béatrix,
Mes stances de vous éprises !

Tous les rhythmes d'un pied prompt
      Bondiront
Sur tout le clavier de l'orgue,
Plus nombreux que les sanglots
Qu'apprit Pétrarque aux échos,
Près du flot clair de la Sorgue.

Leur essaim déchiffrera
      L'opéra
Que pour vous mon âme invente,
Et, sur des motifs nouveaux,
Conviera pour ses travaux
Ma muse, votre servante !

Vous verrez ! tous les matins,
      Mes lutins
Noteront à votre gloire

Les ballades qu'à minuit
Le passant charmé poursuit
Sur les joncs de votre Loire!

De Clisson jusqu'à Quimper,
        Pas un air,
Pas une fleur de légende,
Qu'un d'eux n'aille récolter,
Pour après vous l'apporter
Dans les bois ou sur la lande!

Ils aiment vos goëlands,
        Vos rocs blancs,
Et vos côtes frissonnantes.
Ils ont vu votre berceau,
Quand je poussais mon cerceau
Sur le Cours de votre Nantes!

Car, afin de mieux unir
        L'avenir
De nos jeunes destinées,
Dieu, caché sous le hasard,
Mit votre premier regard
Sur mes premières années!

Aussi je veux, à genoux,
  Et pour vous,
Rouvrir la source tarie
Qu'épuisèrent à leur jour
René parlant de Combourg
Et Briseux chantant Marie,

Et je veux, sous le toit bleu
  Du bon Dieu,
Un jour pouvoir dire aux anges :
J'ai vécu dans la douceur,
Et de votre blonde sœur
J'ai répandu les louanges,

Quand les couples langoureux
  D'amoureux
Allaient, le soir des dimanches,
Devant les vieillards penchés,
Épier les nids perchés
Parmi les épines blanches.

CHARLOTTE, HÉLÈNE, BLANDINE.

A mon ami Anatole Faugère-Dubourg.

Il faut aussi des triolets
En l'honneur de la demoiselle.
Pour former des accords complets
Il faut aussi des triolets.
Condé maniait ses couplets
Pour en émerveiller sa belle.
Il faut aussi des triolets
En l'honneur de la demoiselle.

Pour l'Hélène du Danemark
Jupin eût vendu son Olympe.
Amour eût laissé choir son arc
Pour l'Hélène du Danemark.

Les acolytes de Saint-Marc
Auraient voulu lever sa guimpe :
Pour l'Hélène du Danemark
Jupin eût vendu son Olympe.

Hélas! Hélène à Ménélas,
Un Ménélas maître d'école.
Les Pâris vont crier. Hélas!
Hélas! Hélène à Ménélas!
Ce domestique de Pallas
Tiendrait Hébé sous sa bricole!...
Hélas! Hélène à Ménélas,
Un Ménélas maître d'école.

Pour conquêter cette toison,
Que d'Argos et que d'Argonautes!
Les Jasons viennent à foison
Pour conquêter cette toison.
Le mari tombe en pamoison
Devant l'escadre de ses hôtes :
Pour conquêter cette toison
Que d'Argos et que d'Argonautes!

Tous les prétendants sont trompés.

C'est Werther qu'il faut à Lolotte.
En vain se sont-ils équipés ;
Tous les prétendants sont trompés ;
L'enfant, les yeux d'azur trempés,
Dans son idéal se dorlote.
Tous les prétendants sont trompés ;
C'est Werther qu'il faut à Lolotte.

O muse des virginités,
Quel est le Werther de Blandine?
Pour qui ses désirs irrités,
O muse des virginités?
Répondez-moi, divinités
Des Cyclades ou de Médine...
O muse des virginités,
Quel est le Werther de Blandine?

LABRUYÈRE.

A Sainte-Beuve.

Il était de ce temps où toutes les altesses
Conspiraient à servir l'unique majesté ;
Où l'âme avait des chants, l'esprit des politesses,
Passe-ports de Louis devant l'éternité !

L'éloge était partout. Despréaux et Lenôtre
Pour Lui peignaient leurs vers et corrigeaient leurs ifs,
Et les dieux de l'Olympe, oubliés pour un autre,
Dans les parcs pleins de Lui s'assoupissaient plaintifs.

O juste et ferme cœur ! honnête Labruyère,
La France s'abaissait et se prostituait ;

Toi pourtant tu gardais ta rectitude fière,
Autant que La Fontaine et mieux que Bossuet.

Même auprès des Condé, te méfiant encore
Du vernis mensonger des noms éblouissants,
Tu rendais ton hommage aux hommes que décore
Ou la vertu parfaite ou le parfait bon sens.

Voilà pourquoi, passés ces deux siècles, on vante
Les titres agrandis de ta gloire, et pourquoi
Tu restes précepteur de la grâce savante,
Maître en ces propos sûrs ignorés avant toi !

Voilà pourquoi surtout, fidèle à tes paroles,
Disciple de ton art sérieux et charmant,
Elle, vraie, *Elle*, hostile à toutes les idoles,
Dans ta société vit éternellement.

VAS SPIRITUALE

I

L'OFFICE DE LA NUIT.

Je pensais, cette nuit, à vous; la lune pâle
Arrosait mon balcon de ses larmes d'opale,
Et moi, sous les blancheurs de ce tendre rayon,
Seul et pensant à vous, j'eus une vision.
— Lazare, de qui Christ refit la vie éteinte,
Avec une bonté majestueuse et sainte
M'accosta, puis me dit : « Frère, Dieu t'a béni !
« Tes chagrins ne sont plus, et ton deuil est fini !
« Comme moi tu mourus : que ton être s'enivre
« Du bonheur que jadis je sentis à revivre !

« Car ton Christ est venu ! Ton cœur, mis au tombeau,
« Se relève plus fort sous le charme du beau,
« Et, pour mieux raviver cette source tarie,
« Jésus se montre à toi sous les traits de Marie. »
— Le chaste apôtre dit, puis disparut. Pourtant,
Illuminés d'un feu moins pur, plus éclatant,
Je vis venir à moi la foule des poëtes,
Des maîtres ; leur esprit divinisait leurs têtes,
Et leurs regards, semant les éclairs radieux,
Par avance allumaient l'aurore dans les cieux.
Or, tous ces grands docteurs du suprême Évangile,
Les Dante, les Platon, les Gœthe, les Virgile,
Parlèrent à la fois, cependant tous à part ;
Et, tandis qu'ils parlaient, l'orchestre de Mozart,
Communiant avec les voix du groupe immense,
Pleurait en longs accords sa mystique romance :
« O chercheur, jeune ami, maintenant ignoré
« Et demain glorieux, poëte, sois sacré !
« La baptiseur de l'âme et l'accordeur des lyres,
« C'est l'amour ; sois sacré ! car après les délires
« De tes vingt ans, après tes désirs promenés,
« Au milieu des remords, sur des seuils profanés,
« Enfin tu vas aimer ! Et, si cette enfant t'aime,
« Si tu portes jamais l'auguste diadème

« De ce baiser, tu dois, parmi les plus grands noms,
« Graver ton nom sublime au mur des Panthéons !
« Partout, toujours l'aimée a dicté nos volumes ;
« Mais la réalité, pour qui tu te consumes,
« Loi de ton avenir que tu connus hier,
« Cœur souffrant, ferme esprit, visage grave et fier,
« Pour éclairer ta route et régler ton caprice,
« Vaut mieux que Marguerite et mieux que Béatrice ! »
Ils disaient, et, tandis que s'approchait le jour,
Je sentais dans mon sein déborder mon amour,
Oui, mon amour pour vous, figure enfin saisie
De ma religion et de ma poésie.

II

L'ORAISON DU SOIR.

Par ces soirs de printemps, quand je m'assieds près d'elle,
Comme un moine à l'autel de la Vierge fidèle
Y vient chaque matin dire son chapelet ;
Quand nous organisons ensemble le ballet

De Puck et d'Ariel, fils de la songerie,
Pères des longs projets et de la causerie;
Quand j'admire son front, où l'ennui familier
A passé comme un charme et sans trop appuyer;
Quand j'écoute sa voix, dont l'oreille s'enchante,
Sa conversation, vraie et jamais méchante;
Quand je devine sous chacun de ses propos
Un cœur déjà lassé, mais qui fuit le repos,
Sachant qu'il faut combattre, et qu'au trésor céleste
Le bien fait se résout en épargne qui reste,
Et qu'aux saisons où Dieu paraît nous accabler,
Si l'on a plus souffert, il faut plus consoler;
Quand, l'esprit saturé des mots contre nature
Qu'empruntent les bourgeois à la littérature,
Je suis soigneusement son discret entretien,
Où le langage est franc toujours, toujours chrétien,
Clair miroir de justice où le rire se joue,
Prose de Sévigné commentant Bourdaloue,
J'observe, je repense à ces types naïfs
Qui sont dans les tableaux des maîtres primitifs,
A ces sœurs des martyrs, tendres, fortes et pures,
L'œil joyeux quand leur sein saigne sous les blessures;
Puis je médite avec chagrin, avec remords,
Ma vie où le mensonge a créé mille morts,

Mon travail, incendie éteint dans la fumée,
Ma piété banale et toujours déclamée,
Mon zèle fastueux, mon repentir parleur,
Et je me vois pédant jusque dans ma douleur!
— Mais si le lendemain, dans quelque compagnie
Éprise de grand style et de juste harmonie,
Moi présent, un vieillard, frondeur du goût nouveau,
Vante avec des regrets madame de Beauveau,
Ou remonte à ces temps, embellis par nos rêves,
Où Nemours adorait la princesse de Clèves;
Si quelque professeur, doctrinaire autrefois,
Recommence un récit sur l'Abbaye-aux-Bois,
J'entends sans contester... j'évoque sans rien dire,
Comme un arrêt d'en haut qu'annoncerait la lyre,
Cette aimable personne, et, malgré les aïeux,
J'applaudis au présent, et suis sûr que c'est mieux.

III

A L'ANGELUS DE MIDI.

Vous me l'avez donnée, et maintenant mon sein
Inerte, et dès longtemps clos pour tout grand dessein,

Ressuscite et s'agite, et conçoit, et se trace
Un projet merveilleux de vertus et d'audace.
Dans ma paupière usée, où je croyais taris
Mes pleurs, je sens encore affluer mes esprits,
Et sur tous les lambeaux de ma chair, que Dieu mate,
Je porte avec orgueil les marques du stigmate.
Par vous, la Vierge vient aider mes repentirs,
Et, si demain renaît l'époque des martyrs,
Si, sur un échafaud, en face des idoles,
Il faut être témoin pour les saintes paroles,
Glorieux du présent, fort du signe sacré,
Je dirai : « Je suis prêt ! » Je m'armerai, j'irai,
Et je mériterai peut-être la défaite
Qui des soldats du Christ est l'espoir et la fête !
Mais, si le temps n'est plus pour ces purs dévouements,
Si, gravitant, hélas ! vers de vils dénoûments,
La terre continue une intrigue épuisée
Et par le sacrifice est assez arrosée;
Si ce siècle, plus dur que le siècle dernier,
Jalouse un lit sanglant, même aux André Chénier;
Si, le chiffre occupant notre univers, un homme
Fait rire dès qu'il va vers Sion ou vers Rome
Redemander au sol par la croix abrité
Les fruits promis aux gens de bonne volonté,

— Qu'importe ! Ma poitrine, où mon désir tressaille,
Vibre à l'attouchement de la chère médaille ;
J'apprends, sous le niveau de ce simple lien,
A gagner simplement mon pain quotidien ;
Je trouve Nazareth comme un charmant contraste
A Paris ; je comprends mieux le sens du mot *chaste ;*
Et, plus tendre, d'un art stérile préservé,
Je veux donner aux vers la douceur d'un *ave ;*
Je veux gagner le droit d'écrire une prière
Pour vous, Vierge, pour vous, digne intermédiaire,
Ange du talisman qui réparez mes jours
Et suscitez ma voie au milieu des détours
Où le pied vacillant du pécheur s'embarrasse ;
Car la Grâce a toujours communiqué la grâce.

A UNE PATRICIENNE.

I

Je ne suis pas celui qui s'éprend des fontaines,
Des sables d'or, des lacs, des lueurs incertaines
Que l'aurore répand sur les bois, — et mon cœur
Ne s'éparpille pas dans les notes du chœur
Qu'avec ses fleurs, ses eaux et ses firmaments chante
La nature brutale, ironique et méchante.
Car l'esprit n'est pas là. L'univers cache Dieu,
Le décor ne dit rien du drame, et ce milieu

De rayons aveuglants, d'éphémère verdure,
Ne contient pas l'essence invisible et qui dure.
Aussi, les jours de lutte et d'ennui, si je vais,
Dolent, meurtri, navré d'avoir été mauvais,
Cherchant la foi qui sauve et l'art qui tranquillise,
Ce ne sont pas les champs qui me tentent. — L'église
Petite, et froide, et sombre, et sans tableaux au mur,
M'est d'un attrait plus haut et d'un pouvoir plus sûr.
Là tout parle ; la pierre est vivante ; le prêtre
Me convie à sa suite et me présente au maître.
L'encens fait un plafond d'azur au monument,
Et, du sommeil des morts réveillés un moment,
Tendres comme un conseil, graves comme un exemple,
Les chrétiens assoupis sous le pavé du temple,
Après avoir souffert pour le devoir commun,
Pascal, ou Lesueur, ou Racine, ou Lebrun,
Racontent aux vivants le consolant mystère
Des saints morts pour le Christ, du Christ mort pour la terre.
Ainsi je laisse aller mes heures jusqu'au soir,
Oubliant, contemplant, aspirant ; et l'espoir
Me ressaisit ; je rêve à la Grâce féconde,
Et je crois tant à Dieu que je crois presqu'au monde.
Mais, quand la nuit revient et laisse sur Paris
Courir la légion maudite des esprits,

Les cierges sont éteints; plus d'orgue, plus de psaumes!
Le Verbe fuit mon sein qu'occupent des fantômes!
Où trouver une voix qui m'asservisse au beau,
Un astre familier qui veuille être un flambeau?
Pour confesser, malgré cette chair tentatrice,
Paul et l'Alighieri, Marie et Béatrice,
Pour être fort, pour être humain, pour être doux,
Il me faut une église encor!... Je vais à vous!

II

Oh! le disciple ému vers son autel s'élance!
Par vos regards baissés et par votre silence,
Par ce front rougissant où la fière pudeur
Contient la passion et marque la grandeur,
Par cet accent profond et subtil, par ce geste
Majestueux toujours quoique toujours modeste;
Par ces discours d'un mot, par ces élans soudains,
Par l'active pitié qui se tourne en dédains,
En légère épigramme, en puissante colère,
Si quelqu'un devant vous rabaisse Lacordaire,

Ou celui qui pleura, pour jamais orphelin,
Sa mère et son enfant, Elvire et Jocelyn,
Puisqu'ils ont enchanté vos jours enthousiastes
De pieuse éloquence et de poëmes chastes ;
Par vos courroux charmants jurés à Meyerbeer,
A cause de son pacte impie avec Luther ;
Par ces ferveurs qui, près d'Ormond et de Montrose,
Vous auraient décidée à cueillir une rose,
La rose de l'adieu, pour aller l'effeuiller
Sur le dernier chemin du roi Charles premier ;
Qui vous auraient jetée, enivrée et soumise,
Dans les processions de l'apôtre d'Assise,
Et qui, plus tôt, sous l'œil effronté des Nérons,
Auraient, dans ce cerveau chrétien, jaloux d'affronts,
Excité l'indomptable appétit des tortures ;
Par cette royauté des consciences pures
Qui sonderaient sans peur l'abîme de l'enfer,
Et se perdraient peut-être à sauver Lucifer ;
Par cette force étrange et mal dissimulée
D'enfant ou de lion ; nature immaculée
Où la Grâce est un don moins encor qu'une loi,
Clarté d'en haut, brillez sur moi, veillez sur moi !
Veillez sans le savoir ! sous la seule influence
D'un entretien parfois et de votre présence ;

Je vivrai, j'agirai, je vous glorifierai ;
Et cet anniversaire en restera sacré,
Si l'on me lit plus tard, comme on reparle encore
De ce vendredi saint où Pétrarque vit Laure !

26 juin 1854.

ROSETTE.

A mon cher Frère Justin Bonin.

Voudrez-vous pas enfin, chère sultane,
Vous résigner à jeter le mouchoir?
Cœur plus léger qu'Inès, la Sevillane
    Du *Domino Noir*,

Voudrez-vous pas lire cette grammaire
Qu'à sa façon récrit chaque galant,
Et voir comment est fait monsieur le maire,
    Cravaté de blanc?

Ils sont tous là, tous implorant Rosette,
Cerveaux perdus, esprits mis à l'envers :
L'avocat chante, hélas! et le poëte
    Ne sait plus ses vers!

Mais le tableau de ses folles tendresses,
Flammes, transports dont chacun a son droit,
Dans l'almanach des vingt-cinq mille adresses
  Serait à l'étroit.

Le médecin, o ma petite reine,
A son service aurait des droits experts
Pour amuser un peu votre migraine
  Et guérir vos nerfs;

L'agent de change, esclave d'un caprice,
Semant pour vous tout l'or qu'il emboursait,
Dépeuplerait les écrins de Meurice
  Et de Jannisset;

L'ardent rimeur qui n'a que son génie,
Pour vous surprendre à des appâts égaux,
Irait puiser dans la Californie
  De ses madrigaux;

Le colonel, plus fier qu'à la parade,
Convoquerait le ban de ses tambours
Qui chaque nuit salueraient d'une aubade
  Vos belles amours!

Bref, chère enfant, on vous permet de prendre
Qui vous voudrez, pour maître et pour captif,
Puisque chacun est généreux, est tendre,
  Pour le bon motif.

Mais décidez : vous garderez les autres
Sans fâcherie et sans funeste adieu;
Ils resteront comme les douze apôtres
  Tout autour du Dieu!

Car vous quitter au milieu de la route,
Quant une fois on a suivi vos pas,
L'âme dût-elle à vos pieds périr toute,
  On ne pourrait pas!

1854.

A LECONTE DE LISLE.

Hélas! ô mon ami, les hommes ont partout
Dans la même poitrine un même sang qui bout.
Partout vous entendrez les blasphèmes impies
Du cantique serein troubler les utopies,
Et vous verrez le flot de la corruption
Rouler d'un cours égal sur toute nation.
Ne nous indignons pas! c'est la loi de notre être;
C'est pour vivre au malheur que le ciel nous fait naître.
Ne nous révoltons pas s'il nous faut chaque jour
Dans notre âme brûlante éteindre notre amour,
Et si, dans les erreurs de notre longue route,
Où nous cherchions la foi, nous rencontrons le doute.
Marchons! Dieu ne veut pas de nos lâches regrets!
Prêtons un front docile à ses desseins secrets;

Allons au but qu'il veut, nous les chiffres du nombre
Que sa céleste main coordonne dans l'ombre;
Et maudit soit celui dont le bourdonnement
Voudrait dans son travail l'arrêter un moment!

1848.

LE DÉNOUEMENT

D'UN

ROMAN-VAUDEVILLE

A Gustave Flaubert.

Certe, à présent, je hais d'une haine profonde
Tous mes anciens plaisirs,—la chevelure blonde,
Frais ornement d'un cou virginal, — le printemps,
Et les baisers furtifs des amants de vingt ans.
Car, grâce à ces accords de douceurs décevantes,
Depuis six mois je vis parmi des épouvantes,
Et j'écoute, penché sur ma poitrine, autour
Craquer ma faible chair sous le bec du vautour.
Or je prétends conter mon deuil à ceux qui plaignent
Les yeux éteints, les fronts courbés, les flancs qui saignent,

Pour qu'ils ne cherchent plus les délires voilés
Des désirs langoureux sous les cieux étoilés,
Pour qu'ils ne courent plus choisir une maîtresse
Aux tréteaux Séraphin, et pour que leur tendresse,
Vaste et tranquille écho de leurs cœurs triomphants,
Reste pour leur vieux père et leurs petits enfants.

—C'était en mars, l'année où nous étions, vers Pâques.
Après un jour passé dans le faubourg Saint-Jacques,
Jour sombre avec la pluie et l'ennui réservé
Aux dimanches perdus sans messe et sans *ave*,
J'arrive au boulevard, l'esprit vide, et la poche
Garnie avec des sous. Un théâtre était proche :
J'entrai. Car Sainte-Beuve et d'autres écrivains
Ont affirmé qu'au bout de tous nos songes vains,
Quand la tentation des choses défendues
Nous tord, quand le regret de nos saisons perdues
Dans notre sein gonflé monte comme la mer,
Pour prévenir l'abord du suicide amer
Ou du spleen plus mortel, rien ne vaut une bribe
Du gâteau qu'en trente ans a pétri monsieur Scribe.

La foule s'entassait. Moi j'étais dans le fond
D'une loge bizarre, incrustée au plafond,

Cachot particulier d'où le regard ne tombe
Que sur le bord plâtreux d'un fronton qui surplombe,
Avant-scène commode aux propos clandestins
Des femmes de notaire et des Mondors-Frontins.
A peine par moment un mot du dialogue,
Comme passe un écho de flûte dans l'églogue,
Montait vers moi : d'ailleurs, je ne distinguais rien.
De ces drames bourgeois public aérien,
Je laissais au hasard courir mes rêveries
Sur les habitués des hautes galeries.

C'était triste et charmant pour moi, ce peuple gai,
Ces travailleurs, effroi de l'oisif fatigué,
Dans la communion d'une allégresse franche,
Sentant avidement leur plaisir du dimanche ;
Cols blancs, brodequins gris et rubans violets,
Ces filles, retenant le timbre des couplets
Qu'elles fredonneront demain encor peut-être,
En s'attifant auprès de leur humble fenêtre ;
Puis celles qui n'étaient pas seules, par moments
Livrant leur joue émue aux lèvres des amants.
Une électricité voluptueuse et douce
S'échangeait ; un tableau de bergers et de mousse
Vaguement s'animait pour l'œil intérieur ;

Et, près du vaudeville impuissant et rieur,
Pris par cette atmosphère et par ces mains unies,
J'écoutais naître en moi de longues harmonies.

— Quand je sortis, j'aimais l'actrice de l'endroit. —
Pourquoi? Comment? Mon Dieu ! l'air devenait moins froid ;
Le ciel, las d'étaler une mine ennuyée,
Frottait d'étoiles d'or sa figure essuyée;
Les couples, pressentant avril, vers les dortoirs
Se hâtaient; les causeurs encombraient les trottoirs;
J'étais seul; il fallait me tenir aux murailles
Pour marcher; le désir sonnait dans mes entrailles,
Ce branle étourdissant des palpitations,
Qui, dans les longues nuits de ses tentations,
Agaçaient sous la peau le sang de saint Jérôme;
Mon corps voulait un corps, mon cœur prit un fantôme!

Le fantôme a vécu six mois, six mois entiers,
Et pour lui j'ai contraint à de lâches métiers
La Muse, et j'ai laissé mes odes méprisées
D'un café littéraire encourir les risées,
Et je n'ai jamais su retenir dans mes yeux
Mes pleurs mal dépensés, mes pleurs qui valaient mieux!

Six mois de ce supplice infamant! O nature!
Providence! est-il vrai que votre créature
Doive fermer son âme et ses sens? Pour avoir
Égaré ma pensée au delà du devoir
Un instant, pour avoir trop subi la puissance
Du printemps dans son luxe et dans sa renaissance,
Pour avoir regardé trop sympathiquement
La maîtresse surprise à côté de l'amant,
Pour avoir écouté les voix désordonnées
Que la fièvre répand dans les chairs mutinées,
Avais-je mérité, répondez-moi, Dieu bon,
De croire aimer six mois du bois et du carton?
L'actrice était cela. Depuis une semaine
Je la vois. Le mirage est fini. Je ramène
L'imagination aux termes du réel,
Et je reprends le goût du calme originel.

— Mais n'est-ce pas, Seigneur, qu'en guérissant la plaie,
Vous me laissez l'espoir d'une affection vraie?
N'est-ce pas que je puis solliciter encor
Une femme sincère à m'ouvrir son trésor,
Et qu'après mes chansons ainsi prostituées,
Des vers purs égaieront mes lèvres remuées?
N'est-ce pas que j'ai fait mon expiation,

Que je suis racheté de mon illusion,
Que jamais mes amis, ceux dont j'aime l'éloge,
Ne me reprocheront d'avoir de loge en loge
Promené, pour aider à d'autres rendez-vous,
Ce produit vernissé d'un marchand de joujoux,
Et d'avoir si longtemps souffert sous le stigmate
Que m'infligeait la main d'une fille automate?
Et n'est-ce pas surtout, Seigneur, j'aurais raison,
Si quelqu'un, par sottise ou bien par trahison,
Jetait ce mannequin contre ma renommée,
De répondre très-haut : « Je ne l'ai pas aimée? »

MOLIÈRE.

Au très-vénéré et très-cher Baron Taylor.

> Ce grand poëte, ce grand philosophe, ce grand honnête homme.
>
> VILLEMAIN.

I

Le poëte expirait : la fièvre opiniâtre
Sur sa joue éteignait le rouge du théâtre ;
Son regard, attendri comme par un adieu,
Déjà clos à la terre, allait s'ouvrir à Dieu ;
Sa lèvre, où sa pensée éclaira sa parole,
Froide enfin, revêtait la sanglante auréole

Que l'Espagnolet donne à ses martyrs mourants.
Autour du lit obscur le silence : les grands
Auraient pris peu souci de cette maladie,
Dénoûment de hasard mis à la comédie
Du bouffon qui, coiffé d'un masque aventureux,
S'était rué sur tout, parfois même sur eux ;
Le Roi ne savait pas ; puis il ne croyait guères
Qu'un homme osât mourir ailleurs que dans ses guerres ;
Lui, superbe, vainqueur, gloire et salut des lis,
Lui, regret de Louise, espoir d'Athénaïs,
Ne pouvait rien comprendre à ce sinistre drame.
Molière cependant rendait l'esprit. Sa femme
Ajustait des rubans, ou cherchait un parfum
Qui réveillât le goût de Guiche ou de Lauzun,
Mais ne consolait pas dans sa rude agonie
Cet époux, ennuyeux pour cause de génie.
Pas un ami : Chapelle, au fond d'un cabaret,
Pleurait Pindare ; ailleurs, La Fontaine, distrait,
Lisait tout haut Joconde à de petites filles ;
Despréaux alignait des rimes ou des quilles.
Pas un n'avait frémi, quand, au dernier *juro*,
Sa toux amusa tant le public, son bourreau,
Pas même vous, De Brie, ô compagne riante,
O figure d'Agnès, ô bonté d'Éliante ;

Vous ne vîtes qu'Argan, votre instinct se troubla
Devant l'affreux spectacle, et vous n'étiez pas là,
Absente que je plains, pour veiller sur le maître
Avec son cher Baron..., qui le trompait peut-être !
Les ennemis étaient mieux instruits ; médecins,
Tireurs de sang, vendeurs d'orviétan, assassins,
Débitants d'émétique et doreurs de pilules,
Formaient en vingt endroits leurs conciliabules
Contre ce patient, dangereux au jargon
De Guénaut-Diafoirus et de Fagon-Purgon ;
Pour *Tartufe* et *Don Juan*, ils poussaient dans la rue
Une bande de gueux, sur leurs pas accourue,
A meurtrir le cadavre, à salir le linceul
Du grand homme de bien qu'on laissait mourir seul.
Seul, non pas tout à fait pourtant ! car deux sœurs grises
Sous ce toit familier par ce malheur surprises,
Deux de ces vierges qui des souffrants font leurs fils,
Près de lui répétaient, la lèvre au crucifix,
Qu'il avait été doux pour toutes les misères,
Qu'il avait labouré le sillon de ses frères,
Et que, dans les abris du paradis chrétien,
Dieu devait une place à ce comédien.
Comme elles achevaient leur prière, exaucée
Ailleurs, il souleva sa paupière abaissée ;

Dans un autre univers l'extase le ravit;
Le rêve fut splendide; et je sais ce qu'il vit.

II

Il a trente ans, et la charrette
Où vagit son art nouveau-né,
Par un clair jour d'avril, s'arrête
Sur un coteau du Dauphiné.

Tout en défripant leurs costumes
Que décolore le matin,
La Duparc arrange ses plumes,
Gros-Réné presse le festin!

Mais lui, les pieds dans la rosée,
Humant l'air, heureux du soleil,
Dans sa tête fertilisée
Glane un vers, fleur de son sommeil.

Ou bien, l'entraînant, il demande
A Béjart, qui se fait prier,

Si sa petite sœur Armande
N'est pas d'âge à se marier !

Puis, souriant à son délire,
Il s'éloigne, le cerveau plein
De Mascarille qu'il veut lire
A son grand-père Poquelin,

Quand, portant la mine plus fière,
Diamant qui saura son prix,
Il se révélera Molière
Au vieux tapissier de Paris.

III

Paris ! l'ambition, le but de ce jeune homme !
Molière veut Paris comme César veut Rome,
  Et Rome toute à lui !

Conquérant, va signer ton droit sur cette terre ;
Toi qui fus Rabelais, toi qui seras Voltaire,
  Sois Molière aujourd'hui !

IV

Plus de courses en Bohême.
Il a trouvé son chemin;
Il tient le mot du problème;
Homme, il sait le mal humain.

Pas un sphinx qui ne réponde,
Quand, siégeant dans son fauteuil,
Il fait comparoir le monde
A son tribunal d'Auteuil!

Les Érastes et leurs belles,
Romanciers de leur amour,
Lui racontent leurs querelles
Et leurs longs dépits d'un jour;

Par le coche de Limoges
Pourceaugnac revient, garni
Non plus d'argent, mais d'éloges
Qu'il réserve à Sbrigani;

Scapin, un poing sur la hanche,
Songe s'il empruntera
Deux mille écus à Dimanche
Sitôt que don Juan paiera;

Près d'Agnès qu'il embarrasse
Arnolphe, avec majesté,
Prêche un sermon, dont Horace
Saura la moralité;

Trissotin, chez Philaminte
Qu'il intitule Vénus,
Psalmodie une complainte
Écrite sur papyrus;

Chez Harpagon, maître Jacques,
Ce cumulard de tourments,
Pour endosser deux casaques
Exige deux traitements;

Le fagotier qui se damne,
Pour fuir le bâton dompteur,
Accepte le bonnet d'âne
Ou le bonnet de docteur;

Tartufe, sans discipline,
Le cœur pourri, le teint frais,
Tend son mouchoir à Dorine
Pour la lorgner de plus près ;

Et pourtant des Bergamasques
Sautent d'un pied affranchi
Au bruit des tambours de Basques
Autour du Mamamouchi!

Et tandis que chacun passe,
Lui se prouve en quelques mots
Affable pour toute grâce,
Formidable à tous les sots!

Ah! si Dieu voulait le reste,
Ah! si, démon désarmé,
Célimène aimait Alceste!
Si Molière était aimé

Comme sont ces mercenaires
Que le faix semble épuiser,
Et qu'au soir leurs ménagères
Refont avec un baiser...

V

Mais la vision change... Après deux cents années,
Il renaît, il se mêle à d'autres destinées ;
Il revoit un Paris tel qu'il l'avait rêvé ;
Sa halle est reconstruite, et son Louvre achevé.
Il sent qu'on l'aime, il sait qu'il nous rend des services :
Comme autrefois les sots, comme autrefois les vices
Pullulent ; mais, depuis qu'il les a démasqués,
Leurs fronts saignent du trait dont il les a marqués ;
Rendant un sourd hommage à ce joug qu'ils maudissent,
Ils existent toujours, mais ils se travestissent :
De sa verve lubrique adoucissant les tons,
Près du Lignon, don Juan va paître ses moutons ;
Fleurant l'apothicaire et ses aides plus sages
Se sont accoutumés même à voir des visages ;
Bélise, en habit propre et les ongles fort nets,
Cache son livre grec derrière ses sonnets,
Et Tartufe, toujours adroit, toujours funeste,
Pour nuire en est réduit à grimacer l'Alceste.

O triomphe obtenu! par quels airs de dédain
Dorante est souffleté chez les fils de Jourdain,
Et comme, âpre à ses gains, pour en cacher la source,
Harpagon est prodigue au sortir de la Bourse!
Molière observe tout, juge tout, et partout
En notant un progrès, pressent sa gloire au bout.
L'art lui doit son essor, l'esprit lui doit ses modes,
Et la loi du poëte a conseillé nos codes.
Il va, la France suit. Pierrot au carrefour
Ne l'applaudit pas moins que Clitandre à la cour,
Et cependant, plus haut, vers ces clairs Élysées
Où s'abreuvent de Dieu les âmes reposées,
Il contemple, incliné vers lui, tendant les bras,
Shakespeare, un vieil ami qu'il ne connaissait pas,
En même temps qu'il est réclamé comme un hôte
Par l'esclave Térence et par le meunier Plaute,
Par le captif Cervante, et tous ces compagnons
Dont l'avenir pieux a salué les noms,
Et qui jadis, lutteurs fidèles au martyre,
Ont pleuré tant de sang que le monde a pu rire!

VI

Le poëte ébloui dans un suprême effort
Croisa les mains, leva la tête ; il était mort.
Et l'admirant, frappé dans cette pose auguste,
Les deux sœurs à genoux dirent : « C'était un juste. »

DAGUERRE.

A mon cher Étienne Carjat.

La nature est toujours complice du génie.
Elle enseigne aux élus la grâce et l'harmonie;
Elle excite pour vous, musiciens errants,
Le murmure des pins et la voix des torrents;
Pour vous, peintres fameux qui songez à vos toiles,
Elle a les clairs matins et les soirs pleins d'étoiles;
Avec un beau nuage à larges pans drapé
Elle estompe un sommet par le midi frappé,
Et la femme égayée et de rayons vêtue
Pour l'œil des Phidias se formule en statue!
O nature! ô tutrice humaine, appui d'en haut!
O collaborateur sublime! quand il faut
Guérir le philosophe attardé dans ses doutes,
De pèlerins joyeux tu repeuples les routes,
Pour le mineur lassé tu dores un filon,
Et l'Amérique naît pour contenter Colomb!

Aussi lorsque Daguerre, épris de sa pensée,
Indifférent aux cris de la foule insensée,
En silence incarnait ces rêves qu'il aima,
Son Daguerréotype et son Diorama,
Comme l'idée était généreuse, et que l'homme
Des besoins de plusieurs avait prévu la somme,
Qu'il s'agissait d'offrir au plus humble une part
De ce pain consacré que l'on appelle l'art,
De tendre au malheureux qui n'ira pas chez Ingres
Un dessin ressemblant de ses enfants malingres
Qui seront morts demain, et de vous faire voir
Au poëte cloué dans quelque bureau noir,
Climats délicieux que le désir admire,
Golfe où Smyrne sourit, désert où dort Palmyre ;
Comme, après ce travail, l'artiste intelligent
Qui ne pouvait, hélas! faute d'un peu d'argent,
S'épurer aux splendeurs de la forme divine,
Dans la villa Borghèse ou dans la Farnésine,
Couvera librement d'un regard fraternel
Les sincères portraits des anges de son ciel ;
La nature applaudit souriante, enchantée,
Et prêta son soleil à l'autre Prométhée.

GUIGNOL AU PUBLIC.

A William Hughes.

PROLOGUE

Nous vous donnons ce soir, messieurs, la comédie
Vieille comme le monde, et toujours applaudie,
Qui dote tous les ans d'un égal revenu,
Moi, Guignol, directeur, et l'auteur inconnu
Qui dans votre Paris attire sur les portes
Les tourlourous songeurs près des bonnes accortes,
Charme avec le troupeau de ses fantoccini
Les cockneys d'Angleterre et les lazzaroni,
Et qui, malgré les trous du tréteau ridicule,
A dans tout l'univers ses colonnes d'Hercule !

Le héros, c'est le masque immortellement laid
Qui vit sous le crayon de Cruikshank et Charlet;
C'est le bossu narquois qui, dans ses élans brusques,
A laissé son empreinte aux vieux vases étrusques;
C'est le fou que Nodier sur la joue embrassa,
C'est Punch, fils de Panurge et de Sancho Pança;
Ou plutôt le héros, c'est tout simplement l'homme,
L'homme vain, paresseux, tapageur, bon en somme;
L'homme amoureux du diable et des magiciens
Qui, pour mieux le duper, se font logiciens !
Répondez tous, public: vous, monsieur, vous, madame,
Qui n'a pas figuré dans un acte du drame?
Qui n'a pas une fois, sans qu'un autre empêchât,
Dans son sommeil doré contrarié le chat?
Qui n'a pas, ennemi du sergent nécessaire,
Caressé sans respect le dos du commissaire?
Qui n'a pas, dégrisé d'une âcre passion,
Fait payer au prochain sa désillusion?
Notre pièce est à vous, vous nous l'avez écrite,
Chacun intercalant sa scène favorite,
Et remerciez-nous d'en avoir repoussé
Plus d'un détail honteux que vous aviez laissé!
Pour qu'il ne jette pas ses deux enfants par terre,
Notre héros, messieurs, sera célibataire.

Même au tableau final, il reviendra vers Dieu :
Bref, on se battra fort, mais on mourra très-peu.
Le texte en souffrira ! mais de nos variantes
Vos femmes sortiront un peu plus souriantes !
D'ailleurs, l'azur sied bien pour les conclusions,
Et voilà justement pourquoi nous vous prions
D'écouter notre mot sur la farce éternelle
Du triste genre humain et de Polichinelle.

1851.

Mme ARNOULD-PLESSY.

I

Je voudrais, pour parler de Celle que j'admire,
Avoir la plume d'or et la grave douceur
Du maître Labruyère écrivant sur Émire,
Ou l'esprit d'Hamilton quand il vantait sa sœur.

Je voudrais retrouver, pour en orner ma phrase,
Cet art de causerie, à présent dédaigné,
Ces mots, nets sans raideur, et profonds sans emphase,
Qu'Arthénice autrefois apprit à Sévigné !

Puisqu'ELLE est la Prêtresse élue entre les femmes
Qui saura préserver du désastre commun,
Malgré l'abaissement continu de nos âmes,
La Tendresse, ce fruit, la Grâce, ce parfum ;

Puisqu'en nos temps troublés, ELLE a pour seules armes
Les lumières d'un cœur qui ne peut s'obscurcir ;
Puisque, parfois rieuse, ELLE a le don des larmes
Comme une La Vallière éclose dans Saint-Cyr ;

Puisque, pour désigner la beauté du Génie,
L'idéal fugitif que Dieu rebaptisa,
Quand nous ne serons plus, on dira SYLVANIE,
Comme on dit Violante ou bien Monna Lisa ;

Puisque, sur le théâtre où combattit Molière,
ELLE revient encor, fille au souci pieux,
Réparer chaque soir les guirlandes de lierre
Qui ne verdissaient plus sur le front des aïeux ;

Puisqu'enfin, si le sage a pénétré près d'ELLE,
Rêvant des cris d'orgueil sous ce toit enchanté,
D'abord il trouve, escorte ingénue et fidèle,
Les discrètes Vertus, Pudeur et Charité :

Il faudrait accorder, pour fêter Ses louanges,
Sur les orgues d'en haut un prélude infini,
Et deviner les airs que le plus pur des Anges
Murmurait au chevet du pauvre Bellini!

Pour La peindre, il faudrait mêler l'ambre et la neige,
Broyer l'or transparent des teints patriciens,
Et voler les rayons qu'éparpilla Corrége
Sur des traits moins parfaits à coup sûr que les Siens.

O Racine, il faudrait ton verbe diaphane,
Ton sentiment ému, ton amour paternel,
Pour sonder Sa pensée où le Métier profane
N'a jamais fait obstacle au Devoir éternel!

Moi pourtant j'oserai, naïf tailleur d'images,
Par ma ferveur étrange inspiré seulement,
Jusqu'aux pieds de la Muse élever mes hommages
Et bâtir à Sa gloire un frêle monument!

Si noir que soit le puits où l'Oubli m'abandonne,
Devant mes compagnons de peine, j'ai raison,
Quand j'adore un autel, d'y poser ma couronne
Et d'être le héraut pour ce noble blason!

II

Mon Ode, maintenant bondis d'un pied sonore,
Pour sourire au Berceau, pour saluer l'Aurore :

III

C'est à Metz, au pays Lorrain,
Que le Travail fut le parrain,
Que la Gaieté fut la marraine
D'une enfant à la chair de lait
Qui, présage heureux, s'appelait
Comme JEANNE d'Arc la Lorraine!

ELLE naquit en souriant,
Telle que naît à l'Orient
Le jasmin qui cache les tombes,
Ou telle que naquit jadis
Le nourrisson de Chryséis,
Homère, au milieu des colombes!

O prodige que l'Art rêva!
Album où, près de Jéhova,
Thalie inscrit sa signature!
Ame avide que Dieu remplit,
Mais regard curieux qui lit
Trop les vers et trop la Nature!

Infidèle sans le savoir,
Et toute livrée au pouvoir
Du Rhythme ailé qui la fascine,
ELLE confond presqu'à dessein
Jésus avec Éliacin,
Et l'Évangile avec Racine!

ELLE n'entend pas dans les bois
Vibrer en clairs appels la voix
Des messagers de délivrance
Qui des deux mains semaient des fleurs
Sur la Vierge de Vaucouleurs
Et l'envoyaient sauver la France!

Mais quand, par les midi d'été,
Le long du coteau velouté,

Le bouvreuil jette au loin sa plainte,
ELLE écoute, ardents ou moqueurs,
Se croiser les propos vainqueurs
De Célimène et d'Araminte!

Devant les lèvres de corail,
Chacune agite l'éventail
Qui décida de sa conquête;
Chacune répète à l'Enfant
Sur un mode plus triomphant :
O petite sœur, sois coquette!

Puis quand, sous les antres touffus,
Se taisent les discours confus,
ELLE va conter à Son père
Que les fantômes reviendront,
Et lui voit poindre sur ce front
Les auréoles qu'il espère.

Ainsi dès l'aube, le Destin
A son élue offre un festin
D'enthousiasmes et de joies,
Pour que JEANNE, son jour venu,

Familière avec l'Inconnu,
De tous les cœurs fasse des proies,

Pour que Molière et Marivaux
Réclament, frères et rivaux,
La complice pour eux choisie,
Et pour que Son philtre fatal
Aux damnés d'un monde brutal
Impose encor la Poésie !

IV

Ne t'endors pas, mon Ode, en ce gazouillement !
Déjà l'Enfant n'èst plus, la Femme est près d'éclore,
Hier, JEANNE c'était Béatrice, et c'est Laure :
Mon Ode, empresse-toi vers cet avénement !

V

VOUS n'aviez pas quinze ans ! —Langoureuse et timide,

— L'Espérance guidait vos pas adolescents, —
VOUS vîntes, le cœur gros et la paupière humide,
Tendre autant qu'Herminie, adroite autant qu'Armide.
    Pourtant VOUS n'aviez pas quinze ans!

Les Jeunes, déjà las de vivre, crurent naître;
Les Vieux, interrompant leur récit coutumier,
Oublièrent Contat en VOUS voyant paraître,
Et des derniers mondains Votre attrait fut le maître,
    Sous le règne de Récamier.

Car en VOUS rien n'était calcul, leçon apprise.
VOUS étiez Votre oracle, ô Séraphin rêveur;
De Vos inventions VOUS-même étiez surprise!
— Ainsi, sans le savoir, la rose offre à la brise
    Son incorruptible saveur.

C'était VOUS qu'on cherchait, subtile Souveraine,
Dans le sacré cortége où l'art VOUS convia,
VOUS qu'on suivait toujours, lumineuse et sereine,
Malgré les noms divers, les masques de sirène,
    — Elmire, Hortense ou Sylvia!

Votre accent est si fier, Votre pose est si fine !
La coquette a gardé son ingénuité,
Votre bouche attendrit le mot qui se raffine,
Et comme chez Corinne, et comme chez Delphine,
    Tout en VOUS est sincérité !

Célimène est par VOUS plus douce pour Alceste.
Quand Tartufe arrondit son infâme jargon,
Mieux que la vraie Elmire indignée et modeste,
Votre aristocratie éclaire par un geste
    Les Lares du bourgeois Orgon.

Reine à Londre, ou bien loin, vers la Pensylvanie,
Quakeresse outragée, Archange auguste et doux,
Ou Vasthi de Sait-Cyr par son seigneur bannie,
Qu'importe ? c'est toujours JEANNE, c'est SYLVANIE,
    C'est ELLE, et c'est assez pour nous !

Mystique fusion dont le penseur s'étonne !
L'air le plus délicat et le cœur le plus haut,
Tous les beaux attributs dans la même personne,
La femme hardiment passionnée et bonne,
    Avec la femme comme il faut !

Chaque duchesse était pour ELLE une autre élève,
Paris l'idolâtrait, — et cependant un jour,
Était-ce ennui, caprice ailé de fille d'Ève,
Ou l'essor de Mignon vers les climats du rêve? —
    Elle partit pour Pétersbourg,

Pour ce ciel boréal que le grésil chagrine,
Où De Maistre exilé pressentait Élohim,
Où, Potemkin régnant, la grande Catherine
Oubliait de jouer son rôle de Czarine
    Pour écrire à son ami Grimm.

Dix ans ELLE resta, nous retirant sa flamme,
Initiant là-bas un monde d'ELLE épris
Aux ivresses des vers, aux colères du drame,
— Et dix ans tout un peuple incliné sur cette âme
    Y put voir rayonner Paris !

Enfin ELLE revient, pacifique et superbe :
Alcyon voyageur, ELLE est rentrée au port !
Mais comme un Ariel qui récolte dans l'herbe
Les boutons étoilés dont il fera sa gerbe,
    ELLE a déshérité le Nord !

Oh! regardez demain, lorsque sur cette épaule
La gaze ondulera comme un vêtement d'air,
Ces blancheurs, et ce pied, fuyard du sol qu'il frôle ;—
Est-ce Séraphita qui redescend du pôle
    Sur l'aile blanche de l'Eider ?

C'est la Chrimild des temps nouveaux ! c'est Valérie
Calme, arrachée enfin au deuil qui l'accabla,
Mais Valérie-Hélène, un être de féerie,
Déesse pour Platon, pour Fingal Walkyrie,
    C'est la Vénus du Walhalla !

Oui, tout l'encens du Nord, comme dans un beau vase,
Dans ce cœur de cristal semble s'être arrêté :
Pèlerin, n'as-tu pas admiré, plein d'extase,
Au fond des glaciers bleus que le soleil embrase,
    Des abîmes de pureté ?

Hier encore, hier, quand ELLE était Joconde,
Tournant au ciel Ses yeux par les larmes grandis,
N'eût-on pas dit, lavée à la source féconde,
Une Gretchen, montant dans la lumière blonde
    Vers les Vierges du Paradis ?

Schiller et Léonard, Cimarose et Shakespeare,
Vaillance de la Grâce, Ordre des Passions,
ELLE est l'Art qui s'égaie, ELLE est l'Art qui soupire,
Sans avoir jamais pu dans Son heureux empire
    Lasser les adorations !

VI

Mais, malgré l'auréole
Qui pare cette idole,
Vous qui suivez ses pas,
  N'enviez pas !

O Nécessité dure !
O vie où rien ne dure !
Pour arroser les fleurs
  Il faut des pleurs !

Le Sort garde à la Gloire
Son poison qu'il faut boire,
Et le sombre échanson
  Veut sa rançon !

Cette pâle Madone
Qui donne et qui pardonne,
Ce pur type d'Hébé
   D'en haut tombé,

Frappée et douloureuse,
En voiles de pleureuse
ELLE a dans les ennuis,
   Veillé Ses nuits !

Quand tout, chant des poëtes,
Accord des foules prêtes
A flatter le loisir
   De Son désir

Tout foisonne autour d'ELLE,
Le funèbre asphodèle,
Dans le bouquet caché,
   L'a desséché !

Sérénités navrées !
O menteuses soirées !
Quand l'Actrice à sa cour
   Parle d'amour,

Souvent la triste veuve
Pense à Sa rude épreuve,
Et Son regret s'en va
　　Vers la Néva,

Vers les chères années
Chastement couronnées,
Vers les labeurs unis
　　Par Dieu bénis ;

Vers l'heure où l'Ennemie
Avec sa main blêmie
Éteignit leur flambeau
　　Contre un tombeau !

VII

Arrête-toi, mon Ode, après tant de merveilles,
Fais servir cette vie à ton enseignement,
Et rentre en méditant dans l'asile où tu veilles !

Il faut aimer toujours et souffrir en aimant :
Nous améliorons nos âmes par nos peines,
Et nous nous épurons mystérieusement.

Pour sacrer Son destin Ses grâces seraient vaines.
Mais comme ELLE a gémi sous la fatalité,
ELLE échappe, vivante, à nos terrestres chaînes,

Et dans l'art anobli trouve la Piété.

25-28 novembre 1855.

CONCEPCION.

A Théophile Gautier.

Hier, à l'heure où l'essaim folâtre
Des romanesques visions
Dans les campagnes de théâtre
Vient tenter nos illusions,

Ardeur, jeunesse, fantaisie,
Vous avez, — ô Concepcion !
O bel oiseau de poésie,
Éclos au bois où Calderon

Aimait à voir sous la ramée
Passer les Muses au grand vol ! —
Converti mon âme charmée
Aux douceurs du ciel espagnol.

J'avais horreur des cantatilles
Sous les balcons des posadas,
Des caméristes, des mantilles,
Et de ces ollas podridas

Dont vivent depuis vingt années
Les compilateurs les moins lus,
Thème usé, grenades fanées
Dont le libraire ne veut plus!

J'étais fatigué des Mauresques
Qui viennent ici chaque été
Nous imposer leurs pas grotesques
Sans décence et sans volupté;

Fronts bas où l'humanité manque;
Corps où rien n'est intelligent;
Agilité de saltimbanque
Et réserve de vieux sergent!

Quand la foule accueillait les bandes
De tous ces pitres zingari
Qui conduisent leurs sarabandes
Au milieu d'un charivari,

Moi je pleurais les Terpsichores,
Blanches nymphes des jours anciens,
Sous les couchants, sous les aurores,
Excitant les musiciens!

Mais vous paraissez! La basquine
De ses contours roses et blancs
Ceint votre hanche qui taquine
Le désir des yeux indolents,

Et soudain l'Espagne plus pure
Revit par vous, astre des soirs,
Par vous, sa plus fraîche figure,
Et tous nos cœurs sont des miroirs!

C'est le contraste qu'on demande,
Après Gil Blas et Figaro
Ce motif de valse allemande
Qui perce sous le boléro,

Cette eau pleurant ses notes tristes
Dans les bassins des alhambras,
Quand les doigts fous des guitaristes
Raclent des airs aux señoras!

C'est, avec sa grâce guerrière,
L'Espagne des campéadors
Raillant l'Espagne roturière,
L'Espagne des toréadors;

C'est doña Florinde ou Chimène
Qui, dans cette évocation,
Reparaît, libre de sa peine,
Heureuse de sa passion,

Tandis que, sous les lourdes grilles
Du monastère d'Avila,
Dans le groupe des chastes filles
Que le vœu chrétien y voila,

Thérèse livre aux chaudes brises
Son front que l'extase a jauni,
Et s'abandonne aux convoitises
De la croix et de l'infini.

1854.

LES MUSES DE MOLIÈRE.

A l'amiral Rigault de Genouilly.

REPRÉSENTATION DU 15 JANVIER 1856, AU THÉATRE-FRANÇAIS.

PERSONNAGES :

Un Comédien, en habit de Scapin.
Laforêt.
Mlle Molière.
Mlle de Brie.

La scène se passe sur le théâtre, dans un décor étroit. C'est le soir du 15 janvier.

SCÈNE PREMIÈRE.

Le Comédien, *seul. — Il se promène à grands pas, un crayon et un cahier dans les mains.*

Non! l'on ne conçoit pas de semblable tourment!
  Là dedans notre compagnie,

En habits de cérémonie,
N'attend plus que mon compliment!
Mais la harangue n'est pas prête,
Et la compagnie attendra!
Morbleu! s'il ne fallait qu'écrire un opéra,
Je m'en rirais, ayant des bourdes plein la tête!
Mais rimer un discours qui divinisera
Le grand honnête homme poëte,
Molière, auteur, acteur, époux et cætera!
La tâche est difficile autant comme elle est belle!
Mais, pour tirer de mon bissac
Un madrigal sur Isabelle
Et des lazzis sur Pourceaugnac;
Pour être, en accostant les dames du quadrille,
Très-langoureux ou très-hardi;
Pour parler tour à tour jargon à Mascarille,
Philosophie à Gassendie;
Pour nouer la farce humaine,
Où tout sert, Basque et Vénus,
L'éventail de Célimène
Et l'arme de Diafoirus;
Pour s'élancer d'un pied docile
Sur les pas de la muse aux fantasques attraits
Qui, l'été moissonne en Sicile,

Et qui revient, l'hiver, se chauffer au Marais;
Pour juger ce troupeau des passions, — vivantes
Hier comme demain, pour Rome ou pour Paris, —
 Ces portraits que Plaute et Cervantes
 Auraient aimés, auraient compris,
Professeurs sans brevet de tous les bons esprits,
 Naïvetés toujours savantes;
Pour conter le travail et pour peindre l'ennui
 De cet Atlas dont la tête profonde
  Trente ans porta le poids d'un monde,
  Hélas! il faudrait être lui!
 Mais moi, maraud damnable, quoiqu'on m'aime,
 Olibrius qui, pour toute vertu,
 Me borne à battre avant d'être battu,
  Comment résoudre le problème?
  Où trouver dans mon rituel
Un chapitre inédit pour le thème annuel?
Essayons cependant. — Rien ne vient! — O Molière!
Toi qui trônas jadis sous ce manteau rayé,
Si, durant tant de nuits d'étude, j'ai veillé
Pour réciter gaiement ta prose familière
  Dicte à Scapin émerveillé
  Quelques vers à la cavalière!
Règle mon éloquence, orateur immortel,

Et, si j'arrive à bout de ma campagne,
J'irai, reconnaissant, verser sur ton autel
    Tout un quartaut de vin d'Espagne !

  (*Il se remet au travail avec fureur. − Musique.*)

SCÈNE II.

LE COMÉDIEN, LAFORÊT, Mlle DE BRIE, Mlle MOLIÈRE.

    Le Comédien, *stupéfait*.

Mais quel groupe charmant devant mes yeux paraît !
    Est-ce illusion ou féerie ?
Si j'osais reconnaître en mon idolâtrie
    Ces visages dont trait pour trait
La peinture a gardé la mémoire chérie,

  (*Les désignant.*)

    Je croirais revoir Laforêt
    Et mademoiselle de Brie !

  (*A Mlle Molière.*)

    Et vous, sourire du printemps,

Regard ébloui de lumière,
Dites-moi votre nom... J'attends!
Êtes-vous, ô beauté si fière!
Célimène aux vœux inconstants,
Ou mademoiselle Molière?
Front haut, prunelles irisées,
Chansons pleines d'enivrement,
Venez-vous des champs Élysées,
Ou n'est-ce qu'un déguisement?
Qu'importe! Déesses ou femmes,
Je vous écoute avec transport.
Je trouverai des vers si vous parlez d'abord :
L'esprit s'éveille dans les flammes
Comme un oiseau mélodieux.
J'ai connu Mercure et Sosie,
Et je sais que parfois les dieux
Descendent un moment du séjour radieux
Sur le char de la Poésie!

Mlle Molière, *en Célimène.*

Écoute-nous, ami! car ce quinze janvier,
Pour apporter nos palmes,
Pour célébrer Molière et pour t'y convier,
Nous quittons les lieux calmes!

LAFORÊT, *en Nicole.*

Embrasse Laforêt, brave comédien;
　　Car je fus, je m'en vante,
Tout le temps qu'il vécut, pour ton maître et le mien,
　　Une digne servante!

Mlle DE BRIE, *en Agnès.*

Je me nommais de Brie. Il aimait à me voir,
　　Sœur attentive et tendre,
Accourir vers ses maux, relever son espoir,
　　M'enchanter à l'entendre!

Mlle MOLIÈRE.

C'est à moi qu'il a dû sa joie et ses douleurs:
　　J'étais tout dans cette âme!
J'ai doublé son génie en le forçant aux pleurs,
　　Moi, sa muse et sa femme!

LE COMÉDIEN, *charmé.*

　　J'écoute avec ravissement!
Mesdames, toutes trois soufflez-moi vos ivresses,

Et je pourrai, dans un moment,
Plus heureux que Pâris, couronner trois déesses,
Et faire enfin mon compliment!

LAFORÈT.

Laforêt n'a jamais su lire,
Et pourtant j'étais son conseil,
Mon rire achevait son sourire :
Il n'allait pas, tête en éveil,
Vous consulter sur la pensée
De son intrigue commencée,
Cuistres à la lèvre froncée,
Turlupins aux canons bouffants!
Mais, pour croire à son personnage,
Malgré son nom, malgré son âge,
Il lui fallait le témoignage
De sa servante et des enfants!

Il provoquait ma causerie
Sur les passants, sur les voisins,
Sur ceux qu'on dupe ou qu'on marie;
Puis il vendangeait mes raisins!
Mais si, devant ses œuvres franches,

N'éclatait pas sur mes dents blanches
Mon plus beau rire des dimanches,
Il s'en arrêtait, tout marri :
J'en savais plus que les poëtes,
Et, devant la cour, à ces fêtes,
Où nous n'avions pas de défaites,
Le roi riait quand j'avais ri!

Quelle famille il m'a donnée !
Quelles commères que mes sœurs !
Quelle sagesse enluminée
Et quelles robustes douceurs !
Toutes ces filles dégourdies
Dont les apostrophes hardies
Font le succès des comédies,
Et chez leurs maîtres font la loi ;
Tout ce bataillon à cornettes,
Les Martines, les Marinettes,
Les Dorines et les Toinettes,
C'étaient mes portraits..., c'était moi!

Le Comédien.

Tu me plais, muse naïve,
  Chanson vive,

Regards brillants, francs discours,
    Jupons courts !

Mlle DE BRIE.

Avais-je seize ans, en avait-il trente,
    Quand sa troupe errante
    Courait les chemins ?
Il me savait bonne, il me vit jolie,
    Et peignit Célie
    Sa main dans mes mains !

Plus tard, quand Paris fêta son caprice,
    Il garda l'actrice
    Des commencements !
Marianne, un peu trop obéissante,
    Agnès l'innocente,
    J'eus vos noms charmants !

Comme il débrouillait tous nos sortiléges,
    Nos savants manéges,
    Nos vœux vagabonds !
Et comme il mêlait aux duos d'œillades

Les jérémiades
Des tristes barbons !

Il vous a dicté, mignonne Isidore,
Les ruses qu'adore
Adraste enchanté !
O Lucinde ! il a fondu dans vos grâces
D'altières audaces
Pour la liberté !

Aimez ce patron, beautés qu'on verrouille,
Comme la quenouille
Aime le fuseau !
Car, pour les sauver des clefs et des grilles,
Il prête à ses filles
Des ailes d'oiseau.

S'il faut émigrer, blondes Angéliques,
Pour vos bucoliques
Il fleurit l'exil,
Et vous peuplerez Tempé toujours verte
Avec Mélicerte
Et le beau Myrtil !

Ah! c'est leur histoire, à tous ces poëtes :
    Pour eux pas de fêtes
    Sans nos dix-sept ans !
Leur drame aurait froid sans une ingénue
    Qui leur insinue
    Un air de printemps !

Pour eux, être jeune est presque être sage !
    C'est suivre un message
    Des astres tombé ;
Et ces Apollons que conduit leur verve
    Rencontrent Minerve
    En cherchant Hébé !

Minerve, c'est vous, sensible Éliante,
    Raison souriante,
    Prudence au matin ;
Et vous, Uranie, et vous, Henriette,
    Dont l'œil de fillette
    Confond Trissotin !

Rêveurs d'à présent, que l'orgueil enivre,
    Du métier de vivre

Déjà dégoûtés,
Hantez ces enfants graves et fidèles,
Méditez près d'elles
Et ressuscitez !

Le Comédien.

Oh ! le joli babil ! oh ! les aimables choses !
Les fruits de la raison, les fleurs du sentiment :
Pour démontrer l'esprit des roses,
J'estime fort cet argument.

Mlle Molière.

Laborieux et doux, il marchait vers sa gloire !
Pas de ride à son cœur, à son front pas de pli.
Je passai, bouche rose et chevelure noire :
Le sort fut accompli !

Désormais, ce n'est plus dans Montaigne ou Térence
Que de son art joyeux il prendra les secrets ;
Pour égayer un monde, il peindra sa souffrance
Dans de vivants portraits !

Voyez, quand ce penseur, d'affections avide,
Blessé dans son honneur et de son rêve exclus,
Trois fois trahi, trois fois dans une maison vide
    Ne me retrouve plus,

Moqueur désespéré de sa douleur trop vraie,
Aux plus durs souvenirs il intime un appel,
Et sans pâlir il plonge au profond de sa plaie
    Le tranchant du scalpel !

Suivez aux pieds d'Agnès Arnolphe qui soupire,
Il est à moitié lâche et sublime à moitié ;
Mais ce n'est pas, hélas ! d'Arnolphe qu'il faut rire
    Et prendre ainsi pitié !

Non ! Molière lui-même est partout dans son œuvre,
Cénotaphe qu'il dresse à son repos perdu,
Et partout il manie, en jouant, la couleuvre
    Dont la dent l'a mordu !

Dandin, Amphitryon, c'est toujours lui qui reste,
L'œil fixément ouvert sur son miroir cassé,
Et qui s'y voit toujours dédaigné comme Alceste,
    Comme Argan délaissé !

En vain il met un frein à son cœur qu'il gourmande,
La tendresse est plus forte et résiste aux beaux vers,
Et Célimène vient continuer Armande
    Chez l'homme aux rubans verts !

O jeunesse ! ô beauté ! puissances triomphales,
Vous brisez le génie et ses rébellions,
Et vous tenez captifs aux genoux des Omphales
    Les dompteurss des lions !

Eh bien, ils gagneront à subir ces entraves
Plus d'attendrissement, plus de sincérité,
Et du servage indigne ils sortiront plus braves
    Devant l'humanité !

Poëte, époux à qui j'offris l'amer calice,
O prisonnier dévot d'un démon trop chéri !
M'avez-vous pardonné vos heures de supplice,
    O mon pauvre mari ?

Vous n'eussiez pas créé, sans mes coquetteries,
Comme un blâme caché dans un enseignement,
Elmire, à son foyer, chaste sans pruderie,
    Ferme avec enjouement.

Sans vos ardeurs, le roi dans la fête splendide
Où les peuples épris le reconnaissaient Dieu,
N'aurait pas salué la princesse d'Élide
    Rayonnante au milieu;

Et vous n'eussiez jamais, sans votre jalousie,
Sans l'ennui d'un amour par des larrons conquis,
Avec tant de verdeur et tant de frénésie
    Flagellé les marquis !

Vous ne resteriez pas, pour tout homme qui souffre,
L'arbitre prévenant des réparations,
Si vous n'aviez jamais perdu pied dans le gouffre
    Des sombres passions;

Et moi, sur qui tomba la mission fatale
D'exister près de vous, bourreau sans le savoir,
Molière, maintenant que la flamme idéale
    M'éclaire le devoir,

Si vous n'aviez pas mis vos deuils dans votre livre,
Je ne sentirais pas, consumée à mon tour,
Cette triste ferveur qui près de vous m'enivre
    De remords et d'amour !

LAFORÊT.

Un mot encore après les vôtres :
Il fut toujours simple et vaillant !
Il croyait, comme les apôtres,
Que nous nous devons tous aux nôtres,
Et, pour gagner le pain des autres,
Il rendit l'âme en travaillant !

Le Comédien.

Ma foi, mesdames, le poëte
Auprès des Muses se taira ;
Après vous la besogne est faite,
Et monsieur Lysidas lui-même applaudira.
J'eus grand plaisir à vous entendre,

(*Montrant le public.*)

Et l'on en eut peut-être ici !

(*A Mlle Molière.*)

Votre langage est le plus tendre,
Mais le leur a du bon aussi.
Nous avons parlé de Molière
Sans trop parler de nous : ce procédé nouveau

Nous vaudra peut-être un bravo,
Car la chose, à vrai dire, est au moins singulière.
Qu'on devine à quel point notre maître est aimé
　　Dans cette maison qui fut sienne ;
　　C'est là le seul point qui nous tienne :
　　On n'en voudra qu'à notre antienne
　　Si nous l'avons mal exprimé.
Toutes trois, cependant, venez! Nos camarades
Nous attendent, groupés derrière ce décor,
Dorimène et Climène en robes de parade,
　　Gros-René, Philaminte encor,
　Desfonandrés, Ergaste, Léonor,
　　Enfin tout l'illustre théâtre !
Venez donc avec nous, sans vous faire prier,
Vers le front de l'aïeul que la France idolâtre,
Courber pieusement vos rameaux de laurier !

(*Le décor change. — Cérémonie. — Toute la Comédie paraît dans les costumes des pièces de Molière.*)

A MONSIEUR LE DOCTEUR

BRIERRE DE BOISMONT.

Quand on peut justement admirer ceux qu'on aime,
Quand l'esprit et le cœur doivent penser de même,
Quand la réalité confirme l'idéal
Et nous défend de croire au triomphe du mal,
Bénissons le soleil qui luit sur notre voie,
Fêtons les conducteurs que le ciel nous envoie,
Les fiers voyants pour qui le doute est éclairci,
Et disons-leur, nos yeux brillants de pleurs : Merci!
Je vous dois cette ivresse, incomparable athlète
Qui ne saurez jamais que votre œuvre est complète,
Connaisseur des dangers et partout les bravant,
Qui pour votre devise avez pris : En avant!
Mais nul n'est mieux que vous, muni de patience,

La nourrice et la sœur de la sainte science;
Vous voyez ce qu'il faut faire à chaque saison,
Et votre intelligence est sœur de la raison.
Agir, c'est un besoin pour vous! Dans plus d'un livre
Vous avez déposé la leçon qui fait vivre.
Au lieu de condamner pour toujours à souffrir,
Vous avez découvert comment il faut guérir,
Et comment l'on prévient les désordres funestes
Que les pédants nommaient des vengeances célestes.
Ce n'était pas assez. Quand sur un innocent
La loi voulait darder son arrêt tout-puissant,
Vous avez pressenti l'erreur irréparable,
Et vous avez couru sauver le misérable,
Et dans le monde entier l'on bénit votre effort,
Lutteur victorieux devant qui fuit la mort,
Héros de la pitié que le malheur attire,
Et qui par la parole empêchez un martyre!

NAPOLÉON Ier.

Au très-cher et très-vénéré Allier.

Napoléon était cet airain de Corinthe,
Splendide et ruineux, trésor né d'un enfer;
Il inspirait l'amour en répandant la crainte,
Et combattait l'esprit par l'outrage et le fer.

Il triomphait, sublime et de sa pensée ivre,
Des Alpes au Caucase et du Danube au Nil.
Pourtant le Dieu vengeur qui punit et délivre
Lui fit connaître un jour la défaite et l'exil.

Mais l'ange de la mort, ce semeur d'harmonie,
Vint sanctifier l'homme en tuant l'empereur,
Et mit sur le cercueil du martyr du génie
Cette auguste pitié qui ne voit pas l'erreur.

A MA FEMME.

Sur la première page des Nouvelles d'Alfred de Musset.

Ce misérable vieux volume
Se donne à toi : souris un peu.
Le vieux bois plus vite s'allume
Et du vieux vin jaillit le feu.

Esprit riant, grâce enfantine
Qu'un grand cœur toujours éclaira,
Tu m'expliques l'âme mutine
Qui vit dans *Comme il vous plaira.*

Toi chez qui tout se divinise,
Reçois le maître aux jets soudains
Qui dans Paris créa Venise,
Et mit l'Eden dans nos jardins.

LA FERMIÈRE

D'HÉGÉSIPPE MOREAU.

Poëte, hélas! éteint trop vite,
Tu trouvas à l'instant fatal
Une autre hôtesse, un autre gîte :
La mort sur un lit d'hôpital !
Mais et la ferme et la fermière
Souriaient encore à tes yeux,
Et tu pressentais la lumière
De l'hospitalité des cieux.

Jeudi 5 avril 1866.

A MON CHER PETIT VICTOR.

Quand j'ai gagné tous ces volumes,
J'étais encor petit garçon :
Mais j'usais très-vite mes plumes,
Et j'apprenais bien ma leçon.

Maintenant que mon front grisonne,
Je ressuscite et je souris,
Fils bien-aimé, quand je te donne
Mon trésor d'enfant, mes vieux prix.

Ah! bientôt tu sauras les lire!
Bientôt tu comprendras, Victor,
Pindare, maître de la lyre,
Et Cicéron à la voix d'or!

Théognis, Tyrtée et Ménandre
Te diront la loi des vertus,
Et tu seras heureux d'entendre
Ces chrétiens nés avant Jésus !

Bientôt tu salueras dans l'ombre
Où brûle une fauve rougeur,
Tacite inexorable et sombre,
Fulminant son verbe vengeur !

Bientôt Eschyle, ardent et libre,
Solon, majestueux et doux,
Feront tressaillir chaque fibre
De ton bon cœur qui bat pour nous :

Car l'esprit des choses divines
En toi déjà trouve un écho ;
Où tu ne sais pas, tu devines,
Et tu dis juste un chant d'Hugo !

30 mars 1866.

A MON FILS.

Pour le voyage de la vie
  Tu pars, enfant,
Œil joyeux, oreille ravie,
  Cœur triomphant !
On perd, durant la traversée,
  Les songes d'or ;
Mais toi, retiens dans ta pensée
  Le vrai trésor,
La foi, flambeau sacré qui brille
  Sous le ciel bleu,
L'amour de la grande famille,
  L'espoir en Dieu !

7 mars 1866.

LES HÉROS ENFANTS.

O David, Aymery, prodigieux enfants,
O tueurs des géants, ô conquérants des villes,
Héros, vous avez fait de vos noms triomphants
L'aliment des grands cœurs, l'effroi des âmes viles !

Vous alliez confiants, les yeux sur le ciel bleu
Où vous lisiez le mot de l'éternel problème :
La force est dans la main qui n'obéit qu'à Dieu ;
Le monde est à celui qui se vaincra lui-même !

30 janvier 1866.

A MA FILLE LAURE.

Mon enfant, quelque jour, par le temps, par le lieu,
Vous serez séparés, toi, ta sœur et ton frère :
Mais que vous fera l'heure et le destin contraire,
Si vos cœurs à jamais restent unis en Dieu ?

A MA FILLE MARIE.

L'enfant, mieux que le père, entre dans l'idéal !
Il se souvient du ciel..., c'est son pays natal.

A ARSÈNE HOUSSAYE.

Je le sais trop, je ne suis pas poëte,
Et je maudis le fantôme pervers
Qui dans la nuit me mit jadis en tête
De me chauffer aux glaçons de mes vers;

Mais vous pour qui faire le bien c'est vivre,
Depuis vingt ans bientôt vous accueillez
Le triste fou de son idéal ivre,
Le maigre arbuste aux rameaux dépouillés;

Et maintenant, maître, quand tout m'exile,
Sur votre toit ou parmi vos roseaux,
J'en suis bien sûr, vous donnerez asile
Au petit nid de mes pauvres oiseaux

Qui vont chanter, malgré le vent contraire,
Vous, le bon Dieu, les esprits triomphants,
Et votre fils, c'est-à-dire mon frère,
Et ma Julie, et mes petits enfants!

26 avril 1866.

A HENRY HOUSSAYE.

Cœur excellent, âme charmante,
Henry, m'avez-vous pardonné
Ma pédagogie assommante,
L'ennui que je vous ai donné ?

Par mes commentaires moroses
J'attardais le vol des chansons :
Vous vouliez des lys et des roses :
Je vous enchaînais aux buissons.

Je surchargeais chaque grand livre
Du fatras des variorum
Pour vous qui savez l'art de vivre
A l'Agora comme au Forum,

Pour vous, héritier de la race
Des maîtres forts, exquis et doux.
Pourquoi vous expliquer Horace,
Quand votre père est près de vous?

23 avril 1866.

A MA BIEN-AIMÉE MARIE.

Enfant, plus tard tu seras seule :
La mort hideuse, à qui tout sert,
Vole la mère après l'aïeule,
Et du foyer fait un désert.

Tu boiras le fiel des détresses,
Le venin des tentations !
Les inexorables maîtresses
Que l'homme appelle passions,

Sous le ciel où le jour se voile,
T'ouvriront l'enfer de douleur
Où ne luit jamais une étoile
Où ne croît jamais une fleur !

A chaque tournant de la route
Viendront les fléaux du devoir :
Le rire exécrable du doute,
Le blasphème du désespoir !

Tu diras, ignorant ton crime,
Agneau comme un monstre puni,
Le cri de la grande victime :
« Seigneur mon Dieu, je t'ai béni,

« Ma foi, mon espoir, ma prière,
« Mon amour, je t'ai tout donné :
« Pourquoi me prendre la lumière,
« Pourquoi m'avoir abandonné ? »

Alors celui qui sur nous veille,
Celui qui toujours consola,
De sa voix douce à ton oreille
Voudra répondre : « Je suis là ! »

De chaque cruel sacrifice
Jésus réclame la moitié.
Pour t'affranchir de ton supplice,
N'as-tu pas en toi la pitié ?

Quand les hasards te sont contraires,
Redouble ton pieux effort !
Tout t'accable, soutiens tes frères ;
Fais vivre, toi qui crains la mort !

Ouvre les textes secourables,
Tu ne sauras plus rien d'amer.
Lis *le roi Lear*, *les Misérables*,
Et *les Travailleurs de la mer*,

Haleines par qui tout respire,
Voix dont tous les cœurs sont l'écho,
Justice du clément Shakespeare,
Sainte paternité d'Hugo !

Car celui qui noue et délie
Donne, à tous les maux indulgent,
Sa force à l'humble Cordélie
Et son sourire à Jean Valjean.

Mai, 2 heures du matin.

A PAULIN MÉNIER.

Le Chopard que ta verve anime
Vient pourtraire et parodier
Les grands virtuoses du crime,
Robert-Macaire et Thénardier.

Comme Tacite en ses histoires
Devant nos esprits étonnés
Fait ressortir des ombres noires
Tous les scélérats couronnés,

Ta prodigieuse nature
Met la terreur dans le lazzi
Et grandit la caricature
Comme chez Hogarth et Gozzi.

Si le fier Burns vivait encore,
Charmé de tes essors fougueux,
Il te dirait : Viens, collabore
A la refonte de mes Gueux !

LE REPAS DE FAMILLE.

A la grand'mère de mes enfants.

Je veux, Harvey, sauce et curry !
Qu'on verse à grands flots le sherry !
Je vais concentrer mes pensées,
Longtemps au hasard dépensées.
Pour tes bonbons, ô Siraudin,
Je vendrais Gueymard et Naudin ;
J'oublierais, Péters, pour tes sauces
La Bourse au plus beau jour des hausses.
Un plat conçu par Roqueplan
Au derby me donne l'élan ;
Un flacon de juteux bourgogne
Ouvre mon esprit sans vergogne,
Et pour lapper le vin du Rhin,
Je deviens un Teuton serein !
Vieux fou ! le repas de famille
Vaut mieux... Ton esprit y fourmille
Des doux fantômes du printemps,

Et tu retrouves tes vingt ans
Lorsque les plus charmantes âmes
Autour de toi sèment leurs flammes !
Tu vois sous tes yeux triomphants
Ta bonne mère et tes enfants,
Ta femme, tes amis, tes frères,
Qui repoussent les vents contraires ;
Ton espérance est à cheval,
Tous les mois sont ton carnaval.

SUR LA PREMIÈRE PAGE

DU

WILLIAM SHAKESPEARE

DE VICTOR HUGO.

Puisque c'est aujourd'hui ta fête,
Cher amour, je donne congé
Aux soucis qui meublent ma tête,
A toutes les luttes que j'ai !

Car je retrouve sous ta flamme
Une énergique volonté,
Et je sens vibrer dans mon âme
La musique de la bonté !

Je sais, grâce à toi, le mystère
De la trop féconde douleur,
Et je vois, joyeux, sur la terre,
De mon œil tomber chaque pleur,

Quand je songe que nos deux filles
Plus tard chériront leurs enfants,
Et pourront, parmi les charmilles,
Promener leurs pas triomphants.

Mais, hélas! ô prodigue archange
En femme pour moi déguisé,
Que puis-je t'offrir en échange
De mon vieux mal cautérisé?

Reçois complaisamment ce livre
Qui donne aux sots, aux méchants tort,
Où dans l'unité l'on sent vivre
Le grand Will et le grand Victor!

Dans chaque page le doux maître
Berce la pauvre humanité,
Et Dieu souriant fait connaître
Les secrets de l'éternité.

24 février.

EN LISANT LES CONFIDENCES.

A Littolf.

ENVOI.

Allez, mes vieux vers, à l'ami,
Maître des pleurs et du sourire,
Sublime esprit, cœur affermi,
Que j'aime autant que je l'admire.

C'est le soir, un beau soir pour l'hiver qui s'achève ;
Mars, qui touche au déclin, veut rayonner aux yeux :
C'est le premier essai du printemps qui se lève
Et qui demain peut-être envahira les cieux.

Le temps n'est pas encor venu des églantines,
Des parfums répandus dans les baisers du vent,
Des raines échangeant leurs chansons argentines
Avec le cri du merle et de l'engoulevent.

Mais les frênes déjà ravivent leurs squelettes
Et chauffent leurs bourgeons impatients du ciel,
Les sylphes ont repris leur place aux violettes,
Et l'abeille commence à méditer son miel.

Mais dans chaque ravin du clair amphithéâtre
Une source aux bouvreuils a rouvert son miroir;
Mais la nuée est blonde à l'horizon bleuâtre,
Mais c'est mieux qu'un bonheur encor : c'est un espoir.

Moi cependant, avant de vous livrer, madame,
Le volume promis, plein d'intime douceur,
Je le relis, joyeux de confondre en mon âme
Ce printemps de l'année et ce printemps du cœur.

Je le relis ce soir, comme sur ma croisée
J'écoutais ce matin le moineau babiller,
Courbé devant le Dieu qui fait sous sa rosée
Et le génie éclore et l'oiseau gazouiller.

Et je laisse, oublieux des longueurs de la veille,
Dériver ma pensée aux mille bruits charmants
Que fait le grand poëte au moment qu'il s'éveille,
Pour conter le secret de ses enfantements,

Pour noter tant d'éclairs déchaînés dans l'orage,
Tant de soupirs perdus, tant d'espoirs envolés,
Tant de rameaux fleuris qui tremblaient au passage
Et que les vents d'avril ont si vite effeuillés,

Pour calculer combien de pertes douloureuses
Ont de ce cœur blessé fait saigner les lambeaux,
Combien sur son chemin de belles amoureuses
Ont fui ses bras ardents pour le froid des tombeaux.

Je lis! et près de moi vous revenez encore,
O spectres consacrés que sa plume étoila!
Lucy, cher astre éteint dès la première aurore,
Et ton mâle profil, ô folle Camilla!

Et toi, Graziella, sa pauvre Sorrentine,
Doux bouton printanier ravagé dans la fleur,
En laissant à celui qui sera Lamartine
Un divin souvenir pour ses jours de douleur.

Vous avez su mourir, ô mes vierges sublimes !
Pour adoucir l'ennui de cet immense orgueil ;
Quand il fut le bourreau, vous fûtes les victimes,
Et son fatal amour ouvrit votre cercueil !

Ah ! la gloire est pour vous, et non pour l'égoïste
Qui croit tout réparer sitôt qu'il a pleuré,
Et qu'il a modulé sa chanson gaie ou triste
Sur la plage où passait le fantôme adoré !

Vous ! — vous avez voulu le mal du sacrifice,
Le feu dont Jupiter consume Sémélé ;
Mais tout s'expie au ciel, chaque heure a sa justice,
Et Celui du Calvaire a toujours consolé !

Je dis. Les visions ont replié leurs ailes ;
Ma lampe jette à peine un rayon incertain ;
Dans l'éther avivé nagent les hirondelles ;
Un rire universel naît avec le matin.

20 mars 1849.

CHARLES NODIER.

A mes enfants.

Nodier, vieillard au doux visage,
Des enfants aimait le caquet :
Les autres donnent un bouquet,
Mais lui gardait pour le plus sage
L'histoire du chien de Brisquet.

Tel que la grande Berrichonne,
Dans son lourd fauteuil accroupi,
Il semait la fleur et l'épi ;
Il jetait à tous sa Bichonne :
L'autre nous jette son champi.

Les petits allaient vers leur mère,
Et lui, sans trouble, sans fureur,
Implacable contre l'erreur,
Il reconstruisait la grammaire,
Il déconcertait l'Empereur.

Mes filles, sur la promenade
Où se passent tant de vos jours,
Il allait faire de longs tours,
Fêtant, oiseaux, votre gambade,
Et vous cueillant, fleurs, ses amours !

Souvent, à la place Royale,
Bénissez l'excellent Nodier.
Il n'eut rien à répudier
Dans sa vie aimante et loyale...
Jouissez de l'étudier.

LA BIBLE.

A Henry Houssaye.

J'étais fort dégoûté de vivre
Et j'oubliais jusqu'à mon nom !
Mais un matin j'ouvris un livre,
Et tout contre moi cria : « Non ».

C'est que ce livre était la Bible
Où chaque mot est pur Éther,
Le trésor du monde invisible
Que nous devons au fier Luther

Qui fit de la parole sainte
La nourriture des vivants
Et mena Christ hors de l'enceinte
Des sorbonnes et des couvents;

Qui, soutenu par ses complices,
Maîtres en grec, latin, hébreu,
Nous versa le vin des calices,
Et le verbe vivant de Dieu !

Le vrai dissipe la chimère !
L'avenir, c'est joie et douceur !
La grande Foi, c'est notre mère,
La Charité, c'est notre sœur !

C'est sous les cieux qui nous sourient
La musique que nous aimons,
Le psaume des Davids qui prient,
Le chant d'amour des Salomons !

C'est l'anathème des prophètes,
Destructeurs des fières cités,
Qui, se dressant parmi les fêtes,
Disent honte aux perversités !

C'est Ruth que le travail harasse,
Qui près du vieux Booz s'endort,
Et devient mère de la race
Qui mille ans eut son âge d'or !

C'est Jésus radieux et calme
Sur les noirs sommets qu'il monta,
Qui vient au ciel chercher sa palme
Par le chemin du Golgotha.

Il faut que je vous remercie,
Henry, tendre consolateur!
Car, lorsque tout me supplicie,
Ce volume réparateur,

Ce texte, source intarissable
Où le cœur de l'abandonné
Oublie un monde haïssable,
C'est vous qui me l'avez donné!

10 juin 1866.

A ÉDOUARD PLOUVIER.

Donc tu résous le grand problème,
Navigateur prêt à tout vent;
Gozlan va nous parler lui-même,
Le mort pour nous est un vivant!

Esprit ferme, âme dévouée
A la gloire comme au malheur,
Et qu'on n'a pas assez louée,
Tu consoles toute douleur.

Sois béni, toi qui nous prodigues
Les lumineuses visions,
Toi qui sais renverser les digues
Qui cachaient nos illusions!

Grâce à toi, travailleur sublime,
Nous verrons, comme un astre d'or,
Celle que ton ordre ranime,
Madame de Montémayor!

29 avril 1866.

AU NOUVEL AN,

AVEC LES HORIZONS PROCHAINS.

Ne méprise pas trop cette mesquine offrande,
Œuvre d'un noble cœur où luit la vérité !
Le don est fort petit, ma tendresse est très-grande ;
N'accuse que le sort et sa sévérité.
L'an qui va s'en aller fut pour moi sans clémence ;
Il a cruellement châtié mon orgueil,
Et certes j'aurais pu tomber dans la démence,
Le jour où s'est ouvert soudain le cher cercueil...
Mais non ! espoir, amour, foi, rien en moi ne change ;
Je ne connaîtrai pas les désespoirs maudits,
Quand toi, Julie, ô femme, ô mère, ô doux archange,
Tu m'as déjà conduit au seuil du paradis !

LE RAVIN DES PERVENCHES

A Arsène Houssaye.

Au creux du ravin où sont les pervenches,
Connais-tu, ma sœur, un toit de roseau
Où, quand le brouillard pleure sur les branches,
Vient cacher son nid le petit oiseau ?
Aujourd'hui, la porte est toujours fermée,
Le foyer désert n'a plus de fumée ;
Et pourtant Clémence, au dernier été,
Clémence y filait avec ses mains blanches,
Et puis voltigeait, cher sylphe enchanté,
Au creux du ravin où sont les pervenches.

Au creux du ravin où sont les pervenches,
Un soir vint errer un brun cavalier,

L'étincelle aux yeux, le poing sur les hanches
Et sous son pied sûr broyant l'étrier.
Le vent était frais, la nuit était belle ;
Les fleurs mollement fermaient leur ombelle,
Et pourtant Clémence, en mots ingénus,
Répandait l'essor de ses gaietés franches !
Pauvre vierge, hélas ! vous ne rirez plus
Au creux du ravin où sont les pervenches.

Au creux du ravin où sont les pervenches,
Ils furent bien courts, les longs mois d'été !
Mais l'hiver neigeux a pris ses revanches,
Et du vieux torrent le flot est monté.
Clémence une nuit quitta la chaumière,
De ses deux genoux tomba sur la pierre,
Puis, le regard plein de regrets jaloux,
Baisa bien longtemps sa croix des dimanches...
Le sommeil qu'on dort, enfant, est-il doux
Au creux du ravin où sont les pervenches ?

1849.

A ÉDOUARD PLOUVIER.

Tu prenais un titre à ta taille,
Quand à ta première bataille
Tu nous as montré *les Vengeurs* :
Car ton drame, c'est la justice
Qui fait sur la face du vice
Flamboyer d'infâmes rougeurs !

Car, doux à toutes les misères,
Tu sais transmettre aux pauvres hères
Les baisers de l'*ami soleil*,
Et ta parole, comme l'astre,
Pour les méchants est le désastre,
Pour les souffrants le feu vermeil !

Marche, ami, dans ta sainte route :
Mêle toujours, sans peur ni doute,
Le feu du ciel au feu d'enfer
Dans l'œuvre aux accents vénérables :
Celui qui fit *les Misérables*
Va sourire au *Mangeur de fer!*

A CAMILLE DOUCET.

Votre âme, maître, est toujours tendre
Et travaille avec votre esprit :
Près de vous on est sûr d'entendre
Le mot auquel le cœur sourit.

Aussi comédiens, poëtes,
La famille au sort incertain
Est sûre de bien longues fêtes,
Puisque vous réglez son destin,

Et la nature, ingénieuse
Complice de l'humanité,
Aujourd'hui redevient joyeuse
Et partage notre gaîté.

LA SAINT-PIERRE.

A mon cher Frère Alfred Bonin.

Ce sera demain la Saint-Pierre,
Et je me sens humilié
Quand resplendit sous ma paupière
Ce nom auquel je suis lié.

Ce nom du grand pêcheur des âmes!
Jésus était son hameçon,
Pauvre, ignorant, cœur plein de flammes
Des docteurs bravant la leçon,

Du Dieu vivant il était l'hôte,
Il respirait par Jéhova;
Et même son unique faute
Par le repentir l'éleva.

Depuis tantôt deux mille années,
Il distille l'huile et le miel
Sur les lèvres prédestinées
A chanter la chanson du ciel.

Pour suivre son sublime exemple,
Il m'eût fallu des reins plus forts.
Hélas ! ce n'est pas vers son temple
Qu'ont tendu mes tristes efforts.

Pèlerin que le soleil laisse,
Esprit en proie au dénûment,
J'ai souvent connu la faiblesse,
Et le doute, et le reniement.

Cerveau gâté, parole acerbe,
J'ai remis le Christ sur la croix
Avant de comprendre le Verbe,
Avant de m'écrier : Je crois !

Mais aujourd'hui, levant la tête,
Sachant ce qu'il faut adorer,
Je puis solenniser sa fête,
Sa bonté me force à pleurer.

Et ce changement, ce miracle,
C'est bien à vous que je le dois,
Conviés du petit cénacle
Qu'avec amour ce soir je vois !

Car c'est par vous, tendres apôtres,
Que je connais la tendre loi :
« Pâle indigent, fais pour les autres
« Ce qu'ils font tous les jours pour toi. »

Enfants qui suivez votre aïeule,
Vous m'inclinez vers la douceur.
Tu vins quand mon âme était seule,
Chère Julie ! ô vous sa sœur,

Et toi qui depuis quinze automnes
Du vrai printemps me fais un fief,
Toi qui sur mes murs monotones
Mets le feu de l'art, cher Joseph,

Théo, Justin, Alfred, Horace,
De moi vous avez pris pitié,
Et par vous j'ai senti ta grâce,
Dogme divin de l'amitié;

Et je dis à saint Pierre : « Escorte,
« Maître, ceux qui m'ont consolé,
« Et puis pour eux ouvre la porte
« Du Seigneur, dont tu tiens la clé. »

LE BARON DE MUNCKHAUSEN.

A mes Filles.

En lisant ce volume où la gaieté se joue,
Où le bouffon fantasque enseigne la raison,
Un frisson de plaisir courra sous votre joue,
Et votre allègre rire emplira la maison.

Chaque mot du récit, chacune des images
Vous dira que les fous autant que les pervers
Au devoir, à la foi refusent leurs hommages,
Et suivent le chemin qui conduit aux revers.

Mais vous, enfants pour qui déborde ma tendresse,
Le front haut sous le ciel, vous voudrez, j'en suis sûr,
Partager entre ceux que votre amour caresse
Les dons d'un esprit droit, les trésors d'un cœur pur!

A LOUIS BOUILHET.

J'en suis sûr, Louis, dans ton drame
Les éternelles vérités
Aux superbes sévérités
Vont envahir toute notre âme.

Tu maîtriseras dans sa trame
Les acteurs tendres, irrités,
Comme sur les flots excités
Le marin dirige sa rame!

Aussi, qu'on offre à mon esprit
La libre assemblée où sourit
Le vin aux saveurs de framboise;

Que la musique que je sens
Me convie à ses doux accents :
Je préfère, ami, ton Amboise!

A VICTOR SÉJOUR.

Je veux, moi plus pauvre que Job,
Sur le sol brûlant du théâtre
Te voir, plus vaillant que Jacob,
Contre le Dieu même combattre,

Ressaisir ce monstre des rois
Devant qui la clémence expire,
Et disputer ton Richard Trois
A la vengeance de Shakespeare.

Pour tenter ce sombre hasard,
O fils de l'héroïque race,
Ton courage était ton rempart,
Ta grande âme était ta cuirasse !

Mais devant toi Richard a fui,
L'ombre horrible s'est éclaircie,
Et d'avoir lutté contre lui
Le maître Will te remercie.

NOTRE-DAME-DE-THERMIDOR.

A Arsène Houssaye.

A moi l'horreur se communique
Plus qu'au roi Saül dans Endor.
La danseuse aux sandales d'or
Doit me sauver de la panique.

Viens m'ôter le doute ironique
Où mon esprit lassé s'endort,
Notre-Dame de Thermidor,
Des nouveaux âges Grecque unique !

Je ne vis que dans le passé,
Du présent je suis harassé !
Ah ! que l'évocateur Arsène

Reprenne aux révolutions
La femme aux fortes passions
Qui fait fuir la gaieté malsaine.

L'HISTOIRE D'APELLES.

A Henry Houssaye.

Henry, dans d'obscures chapelles,
Je sentais agoniser l'art;
Mais tu ressuscites Apelles,
Le beau ranime mon regard.

Dans ton livre pas une phrase,
L'œil y travaille avec l'esprit,
Et, quand tu touches à l'extase,
Toute la nature sourit.

Nous pouvons mieux comprendre Homère,
Lorsque nous revoyons ses dieux,
Et le réalisme éphémère
Fuit devant l'essaim radieux.

Poëme, couleur, harmonie,
Tout veut concourir à la fois
A la fête que le génie
Recommence sous les grands bois.

Continue : à l'autel qui tombe
Prête l'appui de ton printemps,
Et jusqu'aux abords de la tombe
Tu conserveras tes vingt ans.

LA DIVINE COMÉDIE.

A mon très-cher Horace Brachet.

Tous deux, petits, suivant le chemin du grand Dante,
Mon ami, nous avons tremblé, gémi, souffert,
Nous avons traversé les cercles de l'enfer,
Et des soucis rongeurs senti la dent mordante.
Nous avons vu la grâce et la joie abondante,
Image pour nos cœurs plus dure que le fer,
Que prolongeait pour nous l'atroce Lucifer,
Nous tenant sous l'éclair de sa prunelle ardente.

Mais Dieu veilla toujours sur notre être fragile,
Et l'amitié nous fut ce qu'à Dante est Virgile,
Le feu vengeur qui luit sur les sentiers maudits.
Préservé des assauts de la chair tentatrice,
Nous pouvons contempler la calme Béatrice,
Qui nous montre du doigt ta porte, ô paradis!

GRINGOIRE.

A Théodore de Banville.

Merci, puisque j'ai vu Gringoire,
Puisque si longtemps j'ai souri
Aux fiévreux hourras de victoire
Qui savaient répondre à ton cri :

Le cri d'ivresse et d'espérance,
De vengeance et de charité ;
La voix qui dit : « Vive la France ! »
Qui dit : « Vive l'humanité ! »

Ah ! comme tu sais, Théodore,
Doux résurrecteur des dieux morts,
Avec le sistre ou la mandore,
Charmer les cœurs tendres et forts !

Comme tu sais prendre le masque
Que veut l'effort de chaque jour,
Grec oisif, bohème fantasque,
Parisien brûlant d'amour!

Et, partout et toujours poëte,
Creusant le merveilleux sillon,
Nous rendre dans la même fête
Scott, Aristophane et Villon!

LA DERNIÈRE PASSION.

A Mario Uchard.

Quand triomphe l'art mercantile,
Quand partout la beauté s'endort,
Quand on rit de l'amour, du style,
Salut, Guillaume de Chandor!

Poëte, lutteur invincible
Qui sans orgueil et sans effort
Tires à tout coup dans la cible
La flèche qui dit : Je suis fort !

Toi qui préserves la richesse
Des sublimes convictions,
Et qui fais voir à ta duchesse
Le feu des saintes passions,

Dieu te bénit. A ta pensée
A la fin elle sourira,
La douloureuse fiancée,
L'incomparable Tamara.

Auprès de vous, couple superbe,
Chacun prétend plaire au lecteur :
Car tous ont leur droit dans la gerbe,
Tous sont les fils de leur auteur.

DANTE.

Au Vicomte Charles d'Héricourt.

Dante est le frère aîné du pèlerin Shakespeare ;
Tous deux, le cœur mordu par l'idéal rongeur,
Ont vu les régions où l'être humain expire ;

Tous deux, œil ébloui, bras tendu, front songeur,
Dans l'infini voulaient savoir comment peut naître
Le jour de l'ombre, un Dieu d'amour du Dieu vengeur !

Tous deux disaient : « Enfin nous allons vous connaître,
« Secrets depuis Adam aux hommes interdits,
« Satan, le Créateur et les dons de son être.

« Nous nous égarerons dans les sentiers maudits
« Où règnent le blasphème et la chair tentatrice :
« Car c'est par ce chemin qu'on vient au paradis.

« Mais nous vous garderons, ô sainte spectatrice,
« Cher astre qui pour nous sur terre rayonna,
« Chérubin Ophélie, archange Béatrice,

« Puisque notre Seigneur commun nous destina
« A lutter, champions de la céleste lice,
« A gravir les ravins épineux du Sina ;

« Puisque nous demandons les douceurs du supplice,
« Sûrs d'arriver plus tard au ciel, votre maison,
« Et de trouver l'hostie en vidant le calice ! »

Charles, vous le savez, bravant foudre et saison,
J'ai suivi le vieux Will dans son immense route,
Et j'ai senti grandir mon âme et ma raison.

J'ai lutté contre Hamlet, sombre sphinx qui déroute,
Et ma fière pensée a donné son abri
A Prospero qui croit, au noir Macbeth qui doute.

Le maître, je l'espère, a quelquefois souri,
Alors que je touchais à la clé de son drame...
Mais tu dois me haïr, divin Alighieri ;

J'ai vogué sur tes eaux sans pilote et sans rame,
Je n'ai lu que l'Enfer dans son texte natal,
Et, si j'ai soupiré comme le cerf qui brame,

Je suis resté pourtant captif dans l'hôpital
Où tous les traducteurs, imbéciles et traîtres,
Asservissaient ton verbe à leur niveau fatal

Charles, jeune lutteur digne de vos ancêtres,
Pour le livre sacré qui me vint hier, merci !
Grâce à vous, le soleil rayonne à mes fenêtres,

Dante vient d'entonner le tercet éclairci,
Je suis un Florentin, et j'aperçois sans voiles,
Dans la langue sacrée où rayonne le *si*,

La lugubre forêt qui nous mène aux étoiles.

A NOTRE MÈRE BIEN-AIMÉE,

LE MATIN DU NOUVEL AN.

Maman, tes deux petites filles
Viennent t'apporter leurs deux cœurs,
Comme, après l'œuvre des faucilles,
Le blé reste aux fermiers vainqueurs.

La loi sainte à nous se dévoile,
En nous rien au travail ne nuit ;
Car tu nous guides, bonne étoile
Qui fais le jour dans notre nuit !

Nous nous sentons déjà plus fortes,
Au mal nous avons dit adieu !
Pourquoi ? c'est que tu nous apportes
Les vrais messages du bon Dieu !

1ᵉʳ janvier 1867.

MON ESTHÉTIQUE.

A Édouard Fournier.

Je lis tous les jours l'Évangile,
Tous les soirs je veux mon journal.
Je te souris, tendre Virgile,
Tu me fais peur, dur Juvénal.

J'émigre tout en toi, Shakespeare,
Toi, Brahma, Manou, Jupiter!
Mais Racine n'en est pas pire,
Quand il note les chœurs d'Esther.

Fielding me plaît : est-il utile
Que je déteste Richardson,
Et, parce que j'aime Carlyle,
Dois-je mépriser Emerson!

Je sais pour mes maux un refuge
Dans la Cythère de Watteau,
Quand Michel-Ange, l'âpre juge,
Fait étinceler son couteau,

Et je puis, dans la paix profonde
Où le doux Ruysdaël m'éprend,
M'enamourer de la Joconde
Et m'émerveiller de Rembrandt.

Beethoven, Littolf, fiers génies,
Par-dessus nous vous habitez
Dans les régions infinies
Des astres des éternités.

Mais vous ne vous fâchez pas, maîtres,
Quand je m'alanguis au refrain
Que l'Italie, en proie aux traîtres,
Chante pour bercer son chagrin.

Et toi, poëte magnanime,
Qui d'un souffle emplis l'univers,
Certe, Hugo, ton génie anime
Un monde en chacun de tes vers.

Pourtant, je le sais, tu m'excuses
Quand, à tes splendeurs étranger,
J'écoute les frivoles muses
De Musset ou de Béranger :

Partout où vit la note vraie,
Est une part du grand trésor,
Et Dieu bénit cette monnaie,
Le centime et le louis d'or,

Pourvu qu'à l'œuvre de l'artiste
Son âme même ait mis la main,
Pourvu qu'étincelant ou triste,
On y ressente un cœur humain.

PIERRE CORNEILLE.

A M. Duruy.

—

ENVOI.

Corneille, poëte de Rome,
Veut fêter son historien,
Le savant, le ministre, l'homme
Auquel il ne voit manquer rien!

Il sait, dans cette époque trouble,
Propager la sérénité,
Et croit qu'il faut travailler double
Pour le bien de l'humanité!

Loin du monde où l'on se querelle,
Il fut l'émule de Platon,
Le conseiller de Marc-Aurèle,
Le meilleur ami de Caton.

Un soir, Napoléon... c'était durant ces mois
   Où la paix lui rendait son cortége de rois,
Où le vainqueur, causant d'art, feuilletant l'histoire,
Se délassait d'avoir décrété la victoire,
En évoquant, avec son geste impatient,
Le soleil de Plutarque et la nuit d'Ossian;
Un soir, parmi la foule empressée à sa fête,
Napoléon errait et cherchait un poëte !
Il songeait à Louis le Grand, maître du sort,
Qui, pour orner sa vie et pour braver la mort,
Avait reçu de Dieu Bossuet et Corneille !
Il songeait, et, malgré sa gloire sans pareille,
Malgré son univers, il enviait Louis !
Et, comme tout autour les louangeurs vulgaires
Sur le rhythme banal vantaient les grandes guerres,
Lui, distrait, et suivant son désir absolu,

Dit soudain d'un ton clair, comme s'il eût voulu
Au monde du passé reprendre une province :
« Si Corneille vivait, messieurs, il serait prince ! »

O regrets du héros ! souvenir d'un ami
Penché sur le tombeau de son frère endormi !
Comme c'est beau de voir, après beaucoup d'années,
Ce merveilleux accord des têtes couronnées,
L'Empereur replacer Corneille en son vrai lieu,
Napoléon casser l'arrêt de Richelieu,
L'oracle de nos temps confesser à la France
Que cet homme de calme et de persévérance
Qui vécut misérable et ne se plaignit pas
Manque dans les conseils du plus fier des soldats !
Oh ! comme dans la sphère où plane son génie
Corneille a dû sourire à la plainte bénie !
Et quand en vingt endroits, sur les socles d'airain,
La patrie a dressé sévère, mais serein,
Ce Régulus de l'art, ce saint Michel du drame,
Cet apôtre poëte, oh ! comme alors son âme
A dû s'emparer mieux de l'immortalité,
Puisque tout cet honneur, il l'avait mérité !

Il le mérite encor ! Tant qu'ivre de ravages,

Le groupe monstrueux des passions sauvages
Viendra sur notre race assouvir ses desseins
Et défier l'effort des sages et des saints ;
Tant qu'au-dessus du bruit des rails et des usines
Montera vif et clair l'écho des lois divines ;
Tant que vous resterez aux malheureux amants,
Voluptés de l'absence et des renoncements ;
Tant qu'auprès du drapeau les prêtres de l'épée
Sur la terre, du sang de leurs aïeux trempée,
Mourront pour assurer la vie à leurs enfants,
Et, s'ils succombent seuls, se croiront triomphants ;
Tant que ce monde en peine aura besoin d'un juste,
La foi d'un Polyeucte et l'État d'un Auguste ;
Tant que les affligés demanderont encor
Les sources du Jourdain et le feu du Thabor,
Oh ! nous vénérerons le vieil ami Corneille,
Car, près de nous présent, toujours il nous conseille ;
Sa cendre prophétise, et l'avocat normand
Sur notre honneur français veille éternellement !
Il nous veut, il nous force à bien faire, il entraîne
D'Aguesseau comme Retz, Marceau comme Turenne,
Et, sans cesse à l'honneur immolant son salut,
La France aux mauvais jours dira son *Qu'il mourût !*

O cœurs lassés d'amour, altérés de prière,
O noble Longueville! ô douce La Vallière!
Avant d'abandonner pour un essor plus haut
Vos idoles, Louis et La Rochefoucauld,
N'avez-vous pas porté votre angoisse orpheline
Vers les deux charités, vers Chimène et Pauline?
Sous leurs fermes avis, sous leurs graves baisers,
N'avez-vous pas senti tous vos pleurs apaisés?
Et pourtant l'avenir notait chaque parole,
Et Corinne écoutait du haut du Capitole,
Et, vers les chastes sœurs levant ses tristes yeux,
René leur confiait son deuil harmonieux!

C'est que toujours, partout, le précepte est le même :
Il faut qu'on lutte, il faut qu'on souffre, il faut qu'on aime,
Il faut que l'homme veuille et se sache vouloir,
Et que la passion se résigne au devoir!

Ainsi vous, mon Corneille, âme au mal étrangère,
A côté du bûcher de Jeanne la bergère
Vous êtes apparu, généreux ouvrier,
Pour travailler beaucoup et pour beaucoup prier;
Vous avez immolé, pour glorifier l'homme,
L'amante à la famille et la famille à Rome,

Rome à l'orgueil du bien, l'orgueil du bien à Dieu !
Puis, le testament clos, vous avez dit adieu
A votre bonne femme, à vos enfants, au frère
Pieux admirateur de votre œuvre sévère ;
Et, portant sans pâlir votre dernier haillon,
Le doigt sur un verset de l'Imitation,
Vous avez incliné doucement votre tête,
Et vous avez éteint votre lampe ! — O poëte,
Eschyle de Paris, Dante des jours nouveaux,
Quand vous accomplissiez vos douloureux travaux,
Vous n'aviez pas souci des terrestres disgrâces,
O père de Rodrigue ! ô père des Horaces !
Car l'ange des martyrs, une palme à la main,
Vous indiquait le ciel, votre royal chemin ;
Car vous aviez gagné la confiance auguste
Que Dieu compatissant permet au cœur du juste ;
Car vous aperceviez déjà les temps plus doux,
Près du marbre éternel les siècles à genoux,
Et Paris, dominé par vos vers grandioses,
Prodiguant son encens à vos apothéoses !

6 juin 1855.

ÉCRIT APRÈS

UNE LECTURE DES *PAUVRES GENS*

Répandons notre cœur dans le cœur de nos frères,
Quand le sort est cruel, demeurons indulgents,
Et si, riches et forts, les railleurs des misères
Nous frappent, pardonnons en disant : « Pauvres gens !

« A vous les passions, filles de l'ignorance,
Et les plaisirs d'une heure, et les bonheurs d'un jour !
A nous le miel divin de la sainte espérance,
   Le trésor de la foi, le soleil de l'amour ! »

Novembre 1865.

TROIS ANNIVERSAIRES.

I

25 FÉVRIER 1866*.

1

Chère âme, je bénis le jour de ta naissance
Qui me fait plus heureux et plus fier qu'un vrai roi!
Mais toi, pardonne au sort méchant dont la puissance
Mit ta main dans la main d'un magot tel que moi.

2

A sa bonne petite maman, VICTOR.

Maman, je suis bien pauvre, et, pour fêter ce jour,
Je n'ai rien à t'offrir que mon immense amour!

* Dsu'l Hedsché de l'année 1282-1283 de l'Hégire.

3

A leur mère adorée, Laure et Marie.

Chère mère, ce jour, c'est la source de flamme
A qui nous devons tout, ton amour et notre âme!

II

17 AVRIL 1866*.

Je commence depuis neuf ans, chère âme, à vivre,
Depuis neuf ans je sais le sens du mot *bonheur;*
Toi seule, tu m'as dit le secret du grand livre,
Et j'ai mieux compris Dieu quand j'ai compris ton cœur!

III

A MA BIEN-AIMÉE MARIE**.

Mon corps se meurt, mon âme souffre,
Et dans l'épouvantable gouffre

---

* Ijar de l'année 5626 du monde.
** A l'aurore du 23 avril, jour de naissance de Shakespeare et de ma bonne petite fille.

Je me sens rouler foudroyé !
Pourtant Dieu veut que je sourie
A cette heure où, douce Marie,
Du misérable il eut pitié !

Car à pareil jour, ô cher ange,
Voici sept ans tu fis l'échange
Du paradis pour ma maison,
Et sous l'étoile de Shakespeare,
Dieu t'envoya, divin sourire,
Illuminer mon horizon !

23 avril 1866.

A LAURE.

Hugo rit de nous, ma chérie,
Son aigle envahit tout le ciel,
Bien qu'il lui soit doux chez Marie
De boire une goutte de miel !

Moi, mes pauvres petites mouches,
Que déchire un ongle moqueur,
Vont céder aux destins farouches,
Fais-leur un tombeau dans ton cœur !

25 mai 1866.

A MON FILS VICTOR.

Au steeple-chase des poëtes
Ce garçon bat *Gladiator*,
Il passe ses sœurs de deux têtes,
Le roi du derby, c'est Victor !

25 mai 1866.

A MA LAURE.

Sois bonne, enfant, plutôt que belle ;
Reçois le mal avec douceur ;
Tu comprendras mon Isabelle,
Et tu l'appelleras : « Ma sœur ! »

3 mai 1866.

TABLE.

—

	Pages.
A Victor Hugo, sonnet-dédicace	1
La Voix du Maître	3
A deux amis d'enfance	6
In amaritudine cordis	10
La Cathédrale réparée	11
Aspirations	16
Les Métamorphoses	20
Le Lamento d'Isabelle	23
La Chanson de l'or	26
Lassitude	27
L'Idylle de Christine	30
La Chanson de Léandre	35
Claudina	38
La Comtesse Aimée	41
Edmée	44
La Marquise Aurore	47
La Marguerite	49

Suzanne	50
Isabelle	52
Ma mie Hélène	55
Laurence	57
Au jardin	61
La Coupe	63
Le Dernier Soir	68
Charlotte, Hélène, Blandine	70
Labruyère	73
Vas spirituale	75
I. L'Office de la nuit	75
II. L'Oraison du soir	77
III. L'Angelus de midi	79
A une patricienne	82
Rosette	87
A Leconte de Lisle	90
Le Dénouement d'un roman-vaudeville	92
Molière	98
Daguerre	109
Guignol au public	111
Mme Arnould-Plessy	114
Concepcion	123
Les Muses de Molière	130
A M. le docteur Brierre de Boismont	150
Napoléon Ier	152
A ma femme	153
La Fermière d'Hégésippe Moreau	154

A mon cher petit Victor	155
A mon fils	157
Les Héros enfants	158
A ma fille Laure	159
A ma fille Marie	159
A Arsène Houssaye	160
A Henry Houssaye	162
A ma bien-aimée Marie	164
A Paulin Ménier	167
Le Repas de famille	169
Sur la première page du William Shakespeare de Victor Hugo	171
En lisant les Confidences	173
Charles Nodier	177
La Bible	174
A Édouard Plouvier	182
Au nouvel an, avec les Horizons prochains	184
Le Ravin des Pervenches	185
A Édouard Plouvier	187
A Camille Doucet	189
La Saint-Pierre	190
Le Baron de Munckhausen	194
A Louis Bouilhet	195
A Victor Séjour	196
Notre-Dame-de-Thermidor	198
L'Histoire d'Apelles	199
La Divine Comédie	201

Gringoire	202
La Dernière Passion	204
Dante	206
A notre Mère bien-aimée, le matin du nouvel an	209
Mon Esthétique	210
Pierre Corneille	213
Écrit après une lecture des *Pauvres Gens*	219
Trois anniversaires	220
I. 25 février 1866	220
II. 17 avril 1866	221
III. A ma bien-aimée Marie	221
A Laure	223
A mon fils Victor	224
A ma Laure	224

Paris, imprimerie Jouaust, rue Saint-Honoré, 338.

www.ingramcontent.com/pod-product-compliance
Lightning Source LLC
Chambersburg PA
CBHW060131170426
43198CB00010B/1122